后方法理论与应用书系

Language Teacher Education for a Global Society: A Modular Model for Knowing, Analyzing, Recognizing, Doing, and Seeing

全球化社会中的语言教师教育："知""析""识""行"和"察"的模块模型

〔美〕库玛（B. Kumaravadivelu） 著
赵 杨　付玲毓　译

Language Teacher Education for a Global Society: A Modular Model for Knowing, Analyzing, Recognizing, Doing, and Seeing / by B. Kumaravadivelu / ISBN: 978-0-415-87738-1

Copyright@ 2012 by Routledge Taylor & Francis Group
Authorized translation from English language edition published by Routledge Taylor & Francis Group; All rights reserved. 本书原版由 Taylor & Francis 出版集团出版,并经其授权翻译出版,版权所有,侵权必究。

Peking University Press is authorized to publish and distribute exclusively the Chinese (Simplified Characters) language edition. This edition is authorized for sale throughout Mainland of China. No retrieval system, without the prior written permission of the publisher. 本书中文简体翻译版授权由北京大学出版社独家出版并限在中国大陆地区销售。未经出版者书面许可,不得以任何方式复制或发行本书的任何部分。

Copies of this book sold without a Taylor & Francis sticker on the cover are unauthorized and illegal. 本书封面贴有 Taylor & Francis 公司防伪标签,无标签者不得销售。

著作权合同登记号: 01－2014－1367

图书在版编目(CIP)数据

全球化社会中的语言教师教育:"知""析""识""行"和"察"的模块模型/(美)库玛(B. Kumaravadivelu)著;赵杨,付玲毓译. —北京:北京大学出版社,2014.4
(后方法理论与应用书系)
ISBN 978-7-301-24038-0

Ⅰ. 全… Ⅱ. ①库…②赵…③付… Ⅲ. 语言教学—教学研究 Ⅳ. H09

中国版本图书馆 CIP 数据核字(2014)第 052624 号

书　　　名:	全球化社会中的语言教师教育:"知""析""识""行"和"察"的模块模型
著作责任者:	〔美〕库玛(B. Kumaravadivelu) 著　赵　杨　付玲毓　译
责 任 编 辑:	沈　岚
标 准 书 号:	ISBN 978-7-301-24038-0/H·3494
出 版 发 行:	北京大学出版社
地　　　址:	北京市海淀区成府路 205 号　100871
网　　　址:	http://www.pup.cn　新浪官方微博:@北京大学出版社
电子信箱:	zpup@pup.cn
电　　　话:	邮购部 62752015　发行部 62750672　编辑部 62767349　出版部 62757349
印 刷 者:	北京鑫海金澳胶印有限公司
经 销 者:	新华书店
	730 毫米×980 毫米　16 开本　8.75 印张　161 千字
	2014 年 4 月第 1 版　2014 年 4 月第 1 次印刷
定　　　价:	30.00 元

未经许可,不得以任何方式复制或抄袭本书之部分或全部内容。
版权所有,侵权必究
举报电话: 010－62752024　电子信箱: fd@pup.pku.edu.cn

目 录

译者序 …………………………………………………………… 1
前　言 …………………………………………………………… 1

第一章　（重）构语言教师教育 ………………………………… 1
　1.0 引言 ……………………………………………………… 1
　1.1 全球化视角 ……………………………………………… 2
　1.2 操作原则 ………………………………………………… 9
　1.3 富有挑战性的优先目标 ………………………………… 13
　1.4 设计 KARDS …………………………………………… 14
　1.5 结束语 …………………………………………………… 14

第二章　知 …………………………………………………… 17
　2.0 引言 ……………………………………………………… 17
　2.1 专业知识 ………………………………………………… 20
　2.2 程序知识 ………………………………………………… 24
　2.3 个人知识 ………………………………………………… 27
　2.4 结束语 …………………………………………………… 29

第三章　析 …………………………………………………… 31
　3.0 引言 ……………………………………………………… 31
　3.1 学习者需求 ……………………………………………… 32
　3.2 学习者动机 ……………………………………………… 34
　3.3 学习者自主性 …………………………………………… 38
　3.4 课堂暗示 ………………………………………………… 40
　3.5 结束语 …………………………………………………… 43

第四章　识 ··· 46
4.0 引言 ··· 46
4.1 教师身份 ··· 47
4.2 教师信念 ··· 50
4.3 教师价值观 ·· 54
4.4 审视教学自我 ··· 57
4.5 结束语 ··· 60

第五章　行 ··· 65
5.0 引言 ··· 65
5.1 教学 ··· 66
5.2 理论化 ··· 70
5.3 对话 ··· 75
5.4 结束语 ··· 79

第六章　察 ··· 83
6.0 引言 ··· 83
6.1 学习者观点 ·· 86
6.2 教师观点 ··· 88
6.3 观察者观点 ·· 90
6.4 察里的案例 ·· 92
6.5 结束语 ··· 103

第七章　(重)建模块模型 ·· 107
7.0 引言 ··· 107
7.1 模型与模块 ·· 107
7.2 设计和传播 ·· 110
7.3 挑战与改变 ·· 113
7.4 结束语和开场白 ·· 114

参考文献 ·· 116

译者序

本书是美国圣荷西州立大学语言学和语言发展系教授库玛(B. Kumaravadivelu)后方法理论的第四部专著。后方法是与后现代、后殖民、后国家和后传播并列的理论之一,这些"后……"理论是对以前理论的解构与反叛,为认识老问题提供一个新视角。

库玛早在1994年就提出了"后方法"概念。他在当年《英语教学季刊》(*TESOL Quarterly*)上发表了一篇题为"后方法条件:二语/外语教学策略的产生/合并"(The postmethod condition: (E)merging strategies for second/foreign language teaching)的文章,提出外语教学正面临由"方法"概念向"后方法"概念的转变,这一转变将重新界定理论家与教师之间的关系,赋予教师以知识、技能和自主性,使之能够提出自己的系统的、一致的、与教学紧密相关的理论,以取代被理论家施加于教师的那些方法。库玛指出,后方法理论将重塑二语教学、教师教育和课堂研究的特点和内容,激发教师在现有理论、实证和教学法研究基础上去发现一个开放的一致的框架,根据教学实践提出理论,以自身发现的理论指导自己的教学实践。该框架由十个宏观策略组成,包括(1)学习机会最大化;(2)促进协商互动;(3)最小化感知失配;(4)激活启发式教学;(5)培养语言意识;(6)语境化语言输入;(7)整合语言技能;(8)提升学习者自主性;(9)增进文化意识;(10)确保社会关联。

2001年,库玛在《英语教学季刊》上发表题为"走向后方法教学法"(Toward a postmethod pedagogy)一文,明确提出了"后方法教学法"概念和包含"特殊性""实用性""可能性"的三维组织原则(这些原则在本书中被称为操作原则)。库玛认为,后方法教学法必须能够(1)促进对当地语言、社会文化和政治特殊性的全面理解,适应所处语境的语言教育;(2)使教师能够构建自己的教学理论,打破理论家和教师之间的固化的角色关系;(3)激发参与者的社会政治意识,以助于身份构建和社会变革。库玛指出,后方法教学法的核心是将学习者、教师和教师教育者视为合作探索者,以三维组织原则替代现存的各种教学法。

2003年以后,库玛通过专著系统阐述后方法理论。当年出版的专著为《超越教学法:语言教学的宏观策略》(*Beyond Methods: Macrostrategies for Language Teaching*)(中文版由陶健敏翻译,已于2013年由北京大学出版社出版),对1994年提出的宏观原则做了细化。2006年出版了《理解语言教学:从方法到后方法》(*Understanding Language Teaching: From Method to Postmethod*),2008年出版了《文化全球化和语言教育》(*Cultural Globalization and Language Education*)。

　　本书虽然篇幅不长,但可以说是库玛后方法理论的集大成者,书中对以前提出的策略、原则等都有所涉及,并在此基础上提出了KARDS模型。KARDS是英文knowing, analyzing, recognizing, doing和seeing五个单词的首字母缩略语,书中译作"知""析""识""行"和"察"。库玛采用了这几个单词的动词形式而不是对应的名词形式,是因为在他的理论中,这五个组成部分都是动态的,都是教师从实践中抽象出理论、用自己的理论指导教学实践的过程。库玛的模块模型对师资培训,特别是当下的国别化汉语国际教育具有重要的指导意义。

　　本书的翻译从2013年11月正式开始,是译者在教学科研工作之余完成的。译者感谢北京大学出版社给予的这个学习机会,通过翻译对后方法理论有了较全面的了解。感谢本书编辑沈岚女士的付出和王飙主任的关心,没有他们的关心和辛勤工作,这本书不可能这么快面世。

　　由于译者水平有限,加上时间紧,两名译者翻译风格差异等原因,译本的缺点和错误在所难免,恳请读者批评指正,不吝赐教,译者将在以后的重印本中进行修订。

前言

这本书经过了很长时间,确切地说,经过了 11 年,现在终于面世。2000 年 3 月,我在加拿大渥太华举行的第 34 届 TESOL 年会上第一次就我提出的语言教师教育模块模型做正式报告。2011 年 7 月,在位于英国伯明翰的阿斯顿大学举办的第七届英国应用语言学会上,我在语言学习与教学特别兴趣小组做大会报告。从会上一回来,我就写这篇"前言"。这是我最终将书稿交付出版社之前就模块模型所做的最后一场报告。

从 2000 年的渥太华到 2011 年的伯明翰,其间我在第四届语言教师教育国际研讨会(美国明尼苏达大学,2005 年 6 月)、香港浸会大学(2008 年 4 月)、香港教育学院(2008 年 5 月)、东南亚英语国际研讨会(新加坡,2008 年 12 月)、第二届澳大利亚 TESOL 学会理事会双年度国际研讨会(澳大利亚黄金海岸,2010 年 7 月)、第三届外语教育职业发展国际专题讨论(哥伦比亚麦德林市,2010 年 8 月)、国防语言学院(加利福尼亚州蒙特雷)做大会报告、主旨发言或嘉宾演说,这本书确实是多年思考、回顾和补充的成果。

虽然近年来关于这个模型我的思想有很大发展,但正如 2000 年我在 TESOL 年会上的报告题目"面向教师教育的 KARDS 模型"所显示的那样,KARDS 这个英文缩略语这么多年来一直没变,它代表的是"知"(knowing)、"析"(analyzing)、"识"(recognizing)、"行"(doing)和"察"(seeing)。我有意选择动态动词而不是静态名词来表示这个模型的组成部分,目的是摒弃那些传统的、线性的,以产品为基础,以传递为导向的具体课程的设计方式,代之以设计循环式、以过程为基础、以转换为导向的整体模块。

做出上述选择的动力来自于这样一种认识,即只有现有的语言教师教育制度修修补补已经无法满足由于日益加快的经济、文化和教育全球化所带来的挑战,真正急需的是对语言教师教育做近乎激进式的改造。这一观点以五个相互关联的、简单明确的命题为前提:(a)任何有意义的、受语境影响的教学法知识只能产生于课堂;(b)这类知识由处于课堂之中的任课教师产生和应用;(c)现有的语言教师教育方法,其主要目的是使教师成为教学法知识的消费者而不是生产者;(d)随着世界上不间断且不断增长的人员、物资和思想交流而快速发展的全球化社会,赋予了实习教师、任课教师和教师培训人员巨大的责任,因此(e)帮助从事语言教育的专业人员成为战略上的思想者、探索型研究者和具有变革能力的知识分子,我们就要重新审视和修正语言教师教育方法。

本书轮廓

  本书共分七章。在"引言"一章中,我回顾了过去几年 TESOL 语言教师教育领域在前沿知识方面取得的巨大进步。但是以零散的方式积累起来的思想,只能产生有限的理解。因此,我特别强调把各种思想线索联在一起,设计出一个切中实际的综合性的语言教师教育模型。为实现这个目的,我从五个宏观角度(后国家、后现代、后殖民、后传播和后方法)提出这一模型的理论基础和基本要素,还有三项操作原则(特殊性、实用性和可能性)。我认为这几个基本角度和原则提供了概念基础,用以设计能够对全球和区域紧迫形势做出回应的语言教师教育模型。

  随后的五章用来解释构成模型的五个模块,即"知""析""识""行"和"察"。在"知"这一章中,我对文献中介绍的教师知识中那些令人眼花缭乱的标签和定义所具有的教学法价值提出质疑,我倾向于用更简单的参考框架取而代之,这个框架包括专业知识、程序知识和个体知识这三点:第一点与专家创建并传播的一个学科的知识内容有关;第二点与建立和保持课堂环境所需的教学管理策略有关,预想的学习结果在这样的课堂环境中有可能得以实现;第三点与个体教师的可行性意识有关,这种意识就是知道哪些可行哪些不可行。我认为帮助教师发展个体知识很重要。

  下一章的中心是学习者需求、动机与自主性。我指出,学习者需求正朝着发展真正的交际能力的方向转变,这种能力就是利用全球化就业市场所提供的无限可能性的能力。还有一种转变是动机因素,由于正在进行中的文化全球化及其对个人和民族身份的影响,也由于信息系统的互联网化,传统的融合动机的概念现在已经变得不适当了。我注意到第二语言动机领域的研究者正求助于认知心理学、后现代思想、批判教学法的最新发展,来解释这些发展如何会影响教学和教师教育。

  很显然,只有当教师能够识别他们带到每天的教学实践中的教师"自我"时,发展中的教师知识系统及对学习者需求、动机和自主性的意识才能够得到有效利用。因此在第四章,我开始探讨辨识教师身份、信念和价值观的重要性。通过勾勒身份与身份构成、信念与信念系统、价值观与价值判断等概念,我将这些个人特征放在更大的哲学、心理学和社会学的背景中,随后将这些总体概念与来自普通教育学和英语教学领域的思想而形成的具体教学要求联系起来,同时让教师学会使用批判性的自传式民族志方法审视教学中的"自我",绘出自我肖像,将个人、职业、教学法和政治知识串联起来。

随后一章重点讨论教学、理论化和对话交流等行为如何紧密地交织在一起,在形成与转变的循环中相互促进。教学以一种反思活动出现,这种反思活动即刻对理论化行为产生影响,同时也受理论化行为的影响,理论化行为反过来又得到对话式质询的合作过程的支持。教学行为的特征是,努力使学习机会最大化,对个人转变进行指导。即使是个人教学理论的构建也需要以合作与对话形式进行,我在这一章对此做了解释。我还强调了教师研究类型,这些研究可能会帮助老师们从课堂教学中形成理论。

要开展有意义的教师研究,一个重要的前提是,教师要具备"察"的能力。我认为"察"很少受到它应该也需要得到的关注,因此我在这章的一开始就探讨这个概念的哲学阐释,接着讨论了它的三种形式:"察表""察变"和"察里"。我认为"察里"是较高形式的"察",它批判性地中和了察和知,帮助我们在概念知识和感性知识之间建立新的联系。随后我强调观察学习者、教师和观察者观点的重要性,以得出语言课可用的一些思想。我还提出了一些方法论上的程序和例子,来说明"察里"这种观察形式能够帮助参与者在察与知之间建立联系。

在最后一章,我努力将上述所有内容串联在一起。在强调了模块模型的突出特点后,我对设计受语境影响的语言教师教育模型的前景和问题进行了反思。我首先简要说明了模型和模块的本质,然后讨论了设计和实施既适用于区域要求又能反映全球趋势的模型的几种可能的方法,我还讨论了面对创新型教育而出现的变化所带来的挑战。

第一章 (重)构语言教师教育

一大车砖不等于一栋房子,我们需要一个规则,一套系统,一次整合。

(Michel Serres 2004:2)

1.0 引言

教师教育,不只是"教师"和"教育"两个词的拼合,它的含义远比这两个词的含义相加所得要多得多。教师教育通常处理的都是远超"教师"和"教育"所辖范围的关键问题。两位杰出的美国教育家,玛丽莲-科克伦·史密斯和肯尼思·泽切勒(Marilyn Cochran-Smith & Kenneth Zeichner 2005:2—3)曾在一本全面而权威的报告《教师教育研究》中明确指出,教育和教师教育都是提出道德的、伦理的、社会的、哲学的以及意识形态等问题的社会体系。他们写道:

> 只有在关于优秀教学和教师学习本质的复杂理论体系驱使下,才能产生有关师资培养关键问题的答案。

(同上:3—4)

他们认为,任何复杂的理论体系都必须得包含教师的知识、技能、性格、认知和信仰等因素,还得包括教育的、社会的、文化的、意识形态的运动以及主要的政治动荡等因素。在此基础上,我们现在还应该加上国际经济态势和文化潮流这两个因素。

过去的五十年见证了普通教育的深入研究与普遍发展。如果普通教育界都特别需要全面的师资培养体系的话,那么,才刚刚起步的第二语言和外语(二语)教师教育界就更需要这一体系了。追随着研究普通教育的教育家们的脚步,应用语言学家们探索了二语教师教育的若干方面。仅仅在过去的十五年中,研究者们就一系列问题进行了有价值的研究,例如教师认知(Woods 1996,Borg 2006)、教师研究(Freeman 1998)、教师自由(Brumit 2001)、教师自我发展(Edge 2002)、教师叙事(Johnson & Golombek 2002)、教师协调性(Clarke 2003)、教师价值观(Johnston 2003)、教师专长(Tsui 2003)、教师经验(Senior 2006)、教师哲学(Crookes 2009)和教师反思(Edge 2011)等。毋庸置疑,这些研究和阐释拓展了我们的研究视野。然而,零散的认识只能拓展我们有限的认识。我们极度缺乏的是一种具有说服力的且连贯全面并能够把各种零星的认识汇聚一体的理论模型,这样的理论模型才能帮助实习教师、教师、教师教育者和研究者理解各个因素之间是如何相互联系构成整体的。

那么,什么是构建第二语言教师教育中这一完整体系的奠基石呢?我认为有两类:全球化视角和操作原则。

1.1 全球化视角

2007年,为了共同面对教育和教师教育全球化,来自澳大利亚、中国、丹麦、新加坡、英国和美国的十个领先教育机构共同在新加坡组成了"国际领先教育协会联盟",这一联盟是集中为重大教育问题出谋划策的智囊团。联盟建立之初,就把具有挑战性的教师教育作为初始任务来讨论。在其第一份报告《教师教育改革》中,联盟提出:

在全球化视角下,无论其源自何处,有何共通性和相异性,任何师资培训体系都应该重新考虑其核心假设和操作程序。

(2008:14)

当今的教师教育处于何种国际环境中?我认为,至少有五个相互关联的视角能够帮助我们理解这飞速发展的国际环境。它们分别是:后国家、后现代、后殖民、后传播和后方法视角。前三者与更广泛的历史的、政治的和社会文化运动相关,后两者则更贴近语言教师教育。

我之所以在每一个视角前都加上"后",是因为我们都生活在这样的世界里。对"后……"的认识极大地促进了人文和社会科学的发展,而且将人们的思想建构于对教育和教师教育产生影响的更广泛的动力之上。一般意义上说,"后……"意味着某事物到来的时间较晚。然而,在文化研究领域,"后……"不仅意味着时间尺度,更是某种事物概念上的根本转变,是对原先知识范式的一次根本挑战。因此"后……"提高了对历史、政治和文化运动的认识水平,而这些运动也会在更高的水平上重塑人们的信仰和行为。如此说来,按时间先后顺序,后现代出现于现代之后,但是,它代表着对人类生存情况的一种更彻底的认识,远远不止于时间先后的区别。记住以上对"后……"的解读,我们简要介绍以下五个全球化视角。

1.1.1 后国家视角

单一民族国家的概念是在18世纪中期，也就是现代社会伊始的时候提出的。它产生于对欧洲封建君主制度和贵族统治的抵抗，并随自由民主体制的建立逐渐出现。从那以后，单一民族国家的思想对于世界事务和个人生活产生了巨大的影响，以至于至今我们已经很难想象在没有单一国家的情况下如何生活。当今世界有191个国家，每个国家都有自己的国旗、国歌、政府和军队。这些独立的国家有着严格规定的国界线和显著的民族特性，这些民族特性反映在政治、经济、社会、文化和教育等方方面面。因此，民族性绝对是一股不可忽视的力量，它同时具有把同一个国家的人们凝聚在一起和把不同国家的人区分开的能力。

国家和民族性的力量正受到经济和文化全球化两股力量的巨大挑战。1999年联合国发布的《人类发展报告》指出，全球化正以三种方式改变着我们的世界：一、缩小空间感。人们的生活正在被地球另一端发生的事件所影响，而人们对这些事件经常是闻所未闻的，更别说有能力去控制了。二、缩短时间感。伴随着遥远距离外的事件影响，市场和科技都在飞速发展。三、界限消失感。国家的界限正在逐渐被削弱，不仅是贸易和货物的运输交流更加容易，思想、社会规范、文化和价值观的交流也得以加速。

文化全球化对于国家的影响是巨大的。联合国报告(1999:33)指出：

> 人们以及人们背后的思想、价值观、生活方式，都在进行着空前的发展和深化。

文化全球化正在重塑着文化资本、兴趣知识和身份认同。各种文化正前所未有地近距离彼此交流着、深刻影响着。这一发展正创造着一种世界文化认知，也创造着一种创新的、无序的能够凝聚或分离人们的紧张关系（参见Kumaravadivelu 2008）。

经济全球化对于国家的影响更深刻。资本、劳动力市场和贸易的全球化正以不竭之势影响着商品的生产、分配和消费。商品消费的持续增长刺激着全球经济的增长，这让国际社会和全球经济增长前所未有地紧密联系在了一起。乔尔·斯普林(Joel Spring 2007:250)敏锐地观察到：

> 工业生产消费体系的基本价值横跨宗教和政治的疆界。印度教徒、穆斯林、基督徒、佛教徒、异教徒、独裁者、共产主义者、福利社会主义者、代表制民主、君主制和专制国家，无一不拥护这一消费模型。

全球交易的问题及其解决方案都超越国家这一形式而存在，因此，诸如世界贸易组织、世界银行、国际货币基金组织等经济组织都行使着超越主权国家的权力。

正如社会学界迈克尔·哈特和安东尼奥·内格里(Michael Hardt & Antonio Negri 2003:109)指出的那样：

> 全球化并未带来单一民族国家的消亡，国家仍旧在经济、政治和文化规范中起着至关重要的作用，但国家的确是被从至高无上的权力宝座上拉了下来。

同样地，本尼迪克·安德森和埃里克·霍布斯鲍姆(Benedict Anderson & Eric Hobsbaum 2007:88)也观察到：

> 21世纪的关键文件不再是某个国家的出生证明，而是国际身份证明——护照。

简而言之，现代社会产生的"国家"概念在后现代时期被很大程度地削弱了。

1.1.2 后现代视角

众所周知，我们都生活在后现代社会。但是，由于"后现代"这个概念被学者们出于诸多目的广泛用于诸多领域，至今仍然没有一个足以达成共识的定义。对于语言教师和教师教育者来说，后现代视角为理解知识的地位和自我的概念提供了一种途径(见第四章)。

1989年，法国社会学家让-弗朗索瓦·利奥塔(Jean-Francois Lyotard)在其拓荒之作《后现代条件：有关知识的报告》中，极富洞察力地区分了现代和后现代。他主张，现代以一种过于简单的方式看待科学知识和人类的生活状况，它致力于寻找一种连贯的、至高无上的真理来作为揭开一切知识之谜的万能钥匙。现代主义认为有可能把所有知识都合并成一种大教师叙事。正如利奥塔(Lyotard 1989:xxiii)所说，现代主义是这样寻找合理性的：

> ……明显地诉诸大教师叙事，例如精神辩证法、意义阐释学、理性解放或工作主体，或是财富的创造等。

和现代不同，后现代拒绝元教师叙事，承认复杂性和多样性。因此，后现代认可多种教师叙事方式。保罗·希勒斯(Paul Cilliers 1988:14)清楚地总结了利奥塔关于后现代的看法：

> 不同群体(机构、学科、社区)对于他们的认识和行为有着不同的解读。他们所掌握的并不是一套有逻辑的完整的知识体系，而是能够让他们实现自己的目标，了解自己正在做什么的工具性叙述片段。因为这些叙述是地方性的，所以他们根本不可能被组成一个包括所有知识的大教师叙事。

换句话说，后现代主义尊重差异，挑战霸权，寻求多渠道的阐释。它积极地致力于在意识形态、权力、知识、阶级、种族和性别的边界提出问题，以此来解构元语篇。

　　后现代的另一方面表现与个人身份认同有关,即对自我的理解。现代主义时期,个体的生活绝大程度上由公认不变的社会准则决定。个人的身份认同与家庭和社区联系得比其他任何事物都紧密。每一个个体都按规定出现在明确的、具有鲜明等级特征的位置上。虽然些许的调整是被允许的,个体仍然是在这样一个等级体系中寻求自身价值的。由于社会的限制,个人几乎不可能逾越出身和民族本源去寻找有意义的选择。换句话说,"现代的"自我更多地是被外界塑造的,而非内在构建的。

　　与此截然相反,后现代认为个人的身份认同是一直持续不断地由个体自身构建的,将身份认同看作是零碎的而非统一的,多重的而非单一的,扩展的而非限定的。后现代赋予个体某种程度的能动性,以确定自我意识。据此,库玛(Kumaravadivelu 2008:144)总结道:

> 身份构成不仅由文化等传统因素、历史等外部因素、权力等意识形态因素决定,同时也取决于个体发挥能动性以及独立作出决定的能力和意愿。

后现代在知识的地位、自我的观念和发挥能动性等方面的思想也在后殖民视角中全部清晰地得到体现。

1.1.3 后殖民视角

　　面对当今后国家主义和后现代主义时代的发展,语言教师,特别是教授具有全球性和殖民性特点的语言的教师,比如英语、法语、西班牙语等,承担着一种特殊的责任。例如,英语现在已经成为了世界通用语,即国际交流选择的语言。甚至有些学者和作家认为英语已经不仅仅是国际交流手段了,由于英语和国际经济的关系,它已经成为国家和个人"为了发展而作出的自然选择"(Crystal 1997:75)。有学者认为英语正在:

> 重新定义世界范围内的国家和个人身份;改变政治隔离线;创造全新的国际经济和社会格局;促成人权和公民身份新概念的产生。
>
> (Graddol 2006:12)

　　此外,世界英语也被与使用者的文化身份和类似"自由"等人类价值联系在一起,

> 只要人们需要用"自由""个性"和"独创性"之类的字眼来形容自己,只要有学生深谙莎士比亚、《辛普森一家》《独立宣言》和《圣经》,世界英语就会在这个星球上作为少部分受过教育的人用来交流。
>
> (McCrum 2010:285)

这些胜利宣言掩盖不了一个事实,即英语不仅是全球性语言,更是一种殖民语言。比如一些学者认为,英语只是碰巧在正确的时间出现在了正确的地方(Crystal 1997),也有人认为,英语骑在了殖民主义的背上(Pennycook 1998),有人强调它的语言帝国主义的潜在本质(Phillipson 1992)和残留的帝国主义特质(Kumaravadivelu 2006a),以及它所遭遇的各式各样的反抗(Canagarajah 1999)。

从后殖民思想的视角看,我们可以清楚地看到全球化的英语教学包含四个互相重叠的维度,分别是学术、语言学、文化和经济(Kumaravadivelu 2003a)。学术维度揭示了西方如何通过繁殖西方的知识,以及贬低当地关于语言学习、教学和教师教育知识,从而将自己的特权阶层意识延伸至英语教学领域。语言学维度揭示了为实现普及英语教育的目的,当地的语言和知识是如何被疏离的。文化维度实现了英语教学和西方文化教学的一致,在英语学习者之中形成了文化同化的趋势。经济维度则体现在世界范围内的英语教学产业的发展带动了英语国家经济的发展。

近来,由于全球化的进程让不同文化间的人们交流更充分,对彼此的价值观和展望有了更深刻的认识,对自身的语言与文化遗产的保护意识更强,英语的语言和文化统治随之受到了越来越严密的监控。现在人们对于英语教师教育机构的本质和殖民性的紧密联系有了很强的认识,因此多国的政治领袖和专业机构都在政治和文化领域"整顿"英语,让英语回归到国际交流和跨文化交流的工具领域。例如,中东的语言学家们组织了专业机构,将英语教学改进成为最适合为伊斯兰世界社会政治、社会文化和社会经济领域服务的方式。另外,非英语国家出于交流而非塑造文化身份的目的学习英语的趋势也越来越明显(参见第三章3.2)。

文化全球化引发的语言和文化敏感性促使英语教学群体在领导英语教学和教师教育的政策、项目、方式和材料等领域进行改变。同时,人们也愈发认识到,要进行有效改变,首要的是改变教师教育的传播方式。

1.1.4 后传播视角

传统的教学和教师教育方式被看作是传播方法的延续,因为传统方式寻求的多是由教师教育者将事先决定、经过挑选、安排好序列的知识体系教给教师们。这些方式或模型有一些共同点。第一,它们限制了教师教育者的角色,使之成为容易消化的细碎知识的传输工具;第二,它们营造了一种师生关系,在这样的关系中,教师被安排从其导师身上学到教学知识和技巧,然后运用到自己的课堂上;第三,几乎不鼓励教师构建自己的教学方式;第四,基本上都是自上而下的模式,教师行为受到外部产生的或者专家输出的知识的巨大影响;第五,造成专家和教师的巨大分裂,专家生产知识而教师消费知识。

鉴于以上五个特征,传播模式培养的教师最终成了知识"导管",也就是说,他们成为知识的被动传递者,把知识从一端(专家)传输到另一端(学生),过程中没有任何改变。教师的基本目标就是帮助学生理解并最终运用这些知识。为了实现这个目标,教师们通常依赖学来的理论体系和教学策略,几乎从不认真考虑它们在实际教学环境中的有效性和相关性。一般来说,他们的教学表现的衡量标准就是与传输给他们的专业知识基础联系的紧密程度以及他们如何有效地将这类知识传播给学习者。虽然有一些特例,但是大部分传统的教师教育项目都是这种模式。

后传播视角在教师的课堂表现和学习方式上与传统视角迥然不同,这一视角主要起源于最近对教师认知、教师信念和其他相关领域的认识。卡伦·约翰逊(Karen Johnson 2006:239)解释说,研究结果把二语教师学习描述为

> 经常的、终身的行为,产生于社会语境中的经验,通过这些经验来学习:首先作为课堂和学校里的学习者,然后作为专业的教师教育项目的参与者,最后作为工作场景中的教师。它将二语教师学习描述为依据自我知识、学生、专业、课程和场景而进行的社会协商活动,表明二语教师是正当知识形式的使用者和创造者,能够在复杂的处于社会、文化、历史情境的语境中决定教授二语学生的最佳方法。

因此这里所倡导的是将认知和社会文化取向与教师学习有机地结合起来。

后传播视角旨在重构师资培养,使之超越传播模式的界限。为了做到这一点,它期望教师扮演反思型实践者的角色,深入思考课堂教学原则、实践和过程,将相当程度的创新性、艺术性和语境敏感性带入教学任务。后传播视角的更高目标是,使教师扮演有变革能力的知识分子角色,不仅仅在学术上有进步,而且要促进自身和学生的个人转变。这意味着教师教育要注意对教学产生影响的更广泛的历史、政治、社会、文化和教育因素,因此任何严肃的由传播向后传播视角转变的努力(Kumaravadivelu 2001:552)

> 必须考虑辨识教师声音和理念的重要性、开发教师批判能力的必要性以及通过有意义的对话构建实现这两个目标的审慎性。

简言之,后传播视角旨在将信息指向的教师教育模式转变为问题指向的模式,终极目标是培养自我指导和自我决定的个体。在二语教学和教师教育这一特殊语境中,超越传播模式的限制也意味着超越方法这一概念。

1.1.5 后方法视角

无论是普通教育还是二语教育,传播视角的教师教育具有的自上而下的本质特征与方法这个概念的局限性紧密相关。普通教育领域的教育家们不断将我们的注意力集中到他们所谓的"方法恋"上(Bartolome 1994)。实际上,他们倡导

> 一种反方法的教学法,拒绝被刻板的方法和方法论范式所奴役。
>
> (Macedo 1994:8)

他们认为方法是造成理论与实践、知识生产与知识消费二元对立的源头。科克伦·史密斯和泽切勒(Cochran-Smith & Zeichner 2005:15)在总结当前流行的观点后,建议方法课程必须

> 被视为复杂且独特之所,教师同时要对未来教师的信念、教学实践和身份创立产生影响。

在英语教学领域,对方法这一概念的批评之声从未间断(Pennycook 1989, Prabhu 1990, Allwright 1991),这些批评是多重的。最根本的一点,正如彭尼科克(Pennycook 1989:589—90)所指出的那样,方法这个概念"反映了一种特殊的世界观而且为了维护不平等的权力关系提出来",这种不平等的权力关系就是专家和教师的关系。此外,正如我所说的(Kumaravadivelu 1994),语言教学方法建立在适应理想语境的理想概念基础之上。由于语言教学需求和情况千差万别,无法预测,任何理性化的方法都无法预见所有的变量,因此也无法提供针对特殊情境的建议,以便实习教师面对日常教学遇到挑战时参考。作为一种自上而下的实践,众多方法的设想和构建主要采用一刀切做法,针对的是一个有普通目标的普通客户。在我看来,以上这些以及其他批判性思想为后方法论的提出创造了条件。

后方法条件表明有多种可能性来重新界定二语教师教育的自上而下特点。第一点,也是最重要的一点,它表明要寻找方法的替代物,而不是一种替代其他方法的方法。我们现在知道这个世界上没有最佳方法,徒劳地寻找最佳方法,只能使我们继续重复和重新包装同样的旧思想,如果不打破这个循环就无法改变当前状况。第二点,后方法条件意味着教师自主,承认教师有能力,不仅知道如何教学,而且知道在机构、课程和教材等学术和行政条件制约下,如何自主行动。最后一点,后方法条件意味着原则化的实用主义,它以教学法的实用性(Widdowson 1990:30)为基础,认为

> 理论与实践、思想与现实化之间的关系只有在应用领域才能得以实现,也就

是通过直接的教学实践得以实现。

原则化实用主义的焦点是，通过开明的教学和批判性评价，教师能够塑造和管理课堂学习。

总体而言，后方法视角旨在为实习教师装备知识、技能、态度和自主性，使之能够独自创立系统化、协调一致、与自身紧密相关的教学理论（Kumaravadivelu 1994），旨在提升教师能力，使之知晓如何培养反思式方法指导自己的教学，如何分析与评估自己的教学实践，如何给自己的课堂带来变化，如何对这些变化的效果实施监控。因此，后方法教学法的特点在于

> 它是引人注目的思想，强调每一个语境下教师判断的重要性，强调手段和目的能够更好地结合。
>
> （Crabbe 2003：16）

核心目标是将课堂教学实践者转变为具有战略能力的教师和深谋远虑的研究者。在这个关键意义上，后方法视角

> 不仅要抛弃对最佳方法的寻找，而是从根本上对方法本身重新界定，强力倡导将权力从理论家那里转移到教学实践者手中。
>
> （Murray 2009：23）

对本小节做一小结。本小节中讨论的五个全球化视角——后国家、后现代、后殖民、后传播和后方法——提供了对全球化社会中设计语言教师教育有用且可用的新思路：后国家视角要求我们关注全球化教育和经济潮流，同时不能忽略当地的语言和文化要求；后现代视角认为，我们要考虑知识系统的多重形式和影响身份意识构成的不同实践；后殖民视角提醒我们对现存于教育领域的具有殖民特征的学术、语言、文化和经济维度保持警觉；后传播视角提出挑战，要求我们构想具有变革本质的以问题为导向的教师教育项目；后方法视角要求赋予课堂教学实践者以权力，使之成为能够从课堂教学发展出理论的深谋远虑的思想家和具有战略能力的教师。

这五个全球化视角相互紧密联系，如果我们要认真设计全面的师资培训项目的话，必须整体考虑这五个视角。这些视角同时与一套操作原则相联系，这些原则统治着二语教师教育的过程与实践。

1.2 操作原则

操作原则这一术语通常指限定一个模式、系统或公司运转的一套核心原则，在概念层面，操作原则的作用就像一个锚，把一个更大单位的组合构件以一种相

互协调的方式黏合在一起。在实践层面,操作原则提供方向与支持,将一些信念、价值观和期望值转化为可行动的方案和可测量的结果。

据我所知,方法的概念很久以来一直作为二语教学和教师教育的唯一的支配性操作原则,指导语言教学法几乎所有能想到的组件的形式与功能,包括课程设计、大纲说明、资料准备、教学策略和测试技巧。在20世纪六七十年代,与听说法有关的理论原则和课堂实践统领了二语教学和教师教育的所有方面,自80年代以来,语言教学交际法成为教学手段,大量有关交际语法、课程、大纲、资料、测试等图书问世。

前文中讨论过,人们对方法这个概念的普遍不满,促成了后方法条件的形成,寻找一套新的操作原则刻不容缓。我提出了三个参数,作为后方法教学法的一部分,也可以作为语言教师教育的操作原则。这三个参数是特殊性、实用性和可能性。

这些原则

> 有可能提供一个必要的概念化和语境化系统,该系统以语言学习、教学和教师教育所需的教育、文化、社会和政治原则为基础,此外,这些原则还提供将学习者、教师和教师教育者角色联系起来的模式,确保其形成共生关系,取得协作共赢的结果。
>
> (Kumaravadivelu 2001:557)

换言之,这些原则以一种协同的方式相互促进,彼此联系,最终整体获得的效果远超各个构件的总和。根据我以前的论述(Kumaravadivelu 2001, 2003b, 2006b),下面我对每一条原则做简要解释。

1.2.1 特殊性原则

特殊性原则建立在情境理解这一经书诠释学哲学基础之上,意思是说有意义的教学法必须建立在对特殊情境的全面解释基础之上,而且只有通过改进这些特殊情境才能获得改进。因此,语言教学和教师教育项目

> 必须面对一组特殊教师,他们教授一组特殊的学习者,这些学习者在特殊的机构语境中为了实现特殊的目的而学习,而这些机构又处于特殊的社会文化氛围中。
>
> (Kumaravadivelu 2001:538)

当地的迫切要求和活生生的经验是这段话明确强调之所在。忽视这些因素的教学法最终会

> 给实施者带来困扰,威胁到他们的信念系统,甚至于他们会对此这些教学法产生敌意,使得教学不可能进行。
>
> (Coleman 1996:11)

任何教师教育项目因此必须要面对实施教学的当地的个体、机构、社会和文化语境,不然的话,它很快就会失效,变得无关紧要。教师教育者要考虑当地的资源和条件制约,帮助当下和未来的教师开发评估当地需求、观察教学行为、评价效果、发现问题、寻找解决方案所需的知识和技能,个体的也好,集体的也好。如此周而复始的观察、反思和行动必须牢牢地扎根于现实。由于特殊性深植于实用性之中,而且不能与实用性相分离,特殊性原则与实用性原则也交织在一起。

1.2.2 实用性原则

实用性原则从广义上说涉及理论与实践的关系,从狭义上说涉及教师监控教学效能的技巧。在理论与实践、生产教学法知识的理论家和使用教学法知识的教师之间有一种有害的二元对立,实用性原则就是要打破现有的理论家和教师之间的工作分工以及知识生产者和知识消费者之间的角色分工,这些表面化的分工使教师没有多少空间能够自我构想、自我构建教学法知识。教学法知识如果要与当地的语境有什么关联的话,必须来自日常教学实践,这是一个教师要自己探索的领域,只有这样他们才能从实践中发展出理论(更多内容请参见第五章和第六章)。

简单地要求教师将他人提出的专业知识应用于实践,无法实现教师从实践中发展理论的目标。这一目标只有通过创建旨在开发教学知识和技能、培养正确态度和自主性的师资培养项目才能实现,这些是教师构建适合不同语境的理论所必需的。因此,教师教育的核心作用在于为未来和现任教师提供充足的用于课堂观察和教学法探索的工具,不仅仅将教学看作实现课堂内学习机会最大化的机制,更是课堂内外理解和改变学习者和教师可能性的一种途径(进一步讨

论请参见第五章)。从这个意义上说,实用性原则与可能性原则融合在一起。

1.2.3 可能性原则

可能性原则主要产生于批判教学法,其倡导者是巴西的教育思想家保罗·弗莱雷(Paulo Freire)及其追随者。批判教学法思想家将教学法——所有教学法——都看作是特权阶层用来有效制造和维护社会不平等的工具。正如乔·金奇洛(Joe Kincheloe 2009:34)在最近的一篇文章中所言,批判教学法构建自己的

> 哲学基础,其理念是由更大的社会文化和政治推动力赋权和职业化的教师为开发学生智力并促进他们的社会经济流动性而工作,实施批判教学法的教师在社会和教育动力中开展研究,围绕教育的宏观知识和操作语境以及学生在社区和学校发现自我的微观情境设计课程。

他们将课堂现实看作是由社会构建并由历史决定的,因此改变努力维护权力结构的社会和历史力量所需要的是一种具有可能性的教学法,这种教学法赋予参与者批判地占有直接经验以外的知识形式的权力。

批判语篇分析家将弗莱雷的思想延伸至语言教育和语言教师教育,关注的焦点是批判语言意识在培养社会政治意识中的作用。他们认为,语言学学者和教师只能通过将语言与权力的关系显性化才能争夺教学实践的主导权,相信批判语言意识

> 能够引导人们对隐藏于学术语篇的传播与学习之中的教学主导权进行反思性分析,使学习者参与到质疑并改变这样的教学实践的斗争中来。
>
> (Fairclough 1995:222)

他们强调教师必须开发与个体和集体经验有关的理论与实践,这些经验是参与者从课堂场景中获得的,有可能以政策制定者、课程设计者或教材生产者所没有预料到的方式影响课堂事件和活动。

可能性原则也将从语言课堂上获得的经验看作是个体身份构成的资源,语言使用与学习为人们不断寻找主体性与自我身份提供了独特的机会,这是任何其他教育经验不可比拟的。正如克里斯·威登(Chris Weeden 1972:21)指出的那样

> 现实和可能的社会组织形式及其可能的社会和政治影响在语言这里得到界定与对抗,也是在语言这里,我们的自我感觉和主体性得以构建。

因此,将语言学习经验作为发展社会文化影响的工具,就是顺理成章的事了。

由于经济文化全球化,寻求自我身份比以往任何时候都显得重要,因此,

> 全球化的批判教学法必须能够应对意识、经验和身份的根本转变,这样的转变是全球性历史条件变迁的中心。
>
> (De Lissovoy 2009:191)

考虑到全球化环境的要求与预期,语言教师教育者面临的任务是帮助当下和未来的教师意识到他们如何置身于各种历史、社会和习惯语境中,同时也意识到超越权力阶层强加给他们的人为的界限的可能性和策略。融合了可能性原则的教师教育项目要帮助教师面对挑战,超越他们赖以生存的牢固确立的语篇与实践。

对本小节做一小结。特殊性原则反对预先选择的旨在达到预定目标和目的的原则和程序,赞成开展针对具体语境的教学和基于对当地语言、社会文化和政治特殊性的真正理解的教师教育项目。实用性原则反对理论家和教师无理据的二分法,赞成开展能使教师从实践中发展理论并实践自己理论的教师教育项目。可能性原则反对只是传播(死的?)内容知识的教师教育项目,赞成提升所有参与者的社会政治意识、使之能够形成和改变个人和社会身份的教师教育项目。

特殊性、实用性和可能性因此成为构建有活力的教师教育项目所需的操作原则,这些原则连同前文讨论过的五个全球视角,有可能指导我们设计具有改变性质的连贯综合的教师教育项目。这些原则和视角汇合在一起,要求我们重新审视、重新构想教师教育,以便产生一套全新的具有挑战性的优先目标。

1.3 富有挑战性的优先目标

概括地讲,全球化视角和操作性原则要求我们必须做的是构想一个教师教育项目,帮助当下和未来的教师

- 更多关注个人知识的生产,而不是应用学到的智慧,教学中既要吸收学到的技能,也要利用活生生的经验。
- 更多关注能动性的累积,而不是接受权威,拥有他们应该得到和渴望得到的自由与灵活性。
- 更多关注接触当地具体语境的教师研究,而不是接触整体语境的专家研究,在课堂上的所作所为要能够满足当地的需求和需要,弥补其不足。
- 更多关注如何成为具有变革能力的知识分子,而不是被动的技工,除教学责任外,还要承担社会责任。
- 更多关注对教学模型的掌握,而不是塑造教学大师,培养应对未知和意外的能力和信心。

这些视角、原则和优先目标构成了概念基础，帮助我们设计一个语言教师教育的连贯综合的模式。

1.4 设计 KARDS

传统二语教师教育方法的一个内在缺陷是提供系列课程，一个接一个的具体课程关注的是被视为很重要的内容领域。当前，大多数二语教师教育项目都为客户（即未来教师）提供一系列独立课程，诸如语言学理论、第二语言习得、教学语法、方法、课程和测试，压轴戏通常是实习课或教学实践。当然，每节课都经过认真清晰的界定，有总目标和具体目标。在老师的循循善诱的教导下，未来的教师们学习由不同的教师教育者教授的课程，尽量多地获取内容知识，获得高分，在完成规定数量的课程后毕业。毕业的时候，人们指望他们以后能够快乐地教书。如此严格制定的一整套课程很难展示学生学、教师教和教师发展的全景，发现"联系的模式"的任务通常会留给实习教师。这是各地都在上演的常见情景，虽然主题上会有一些变化。

我提出的教师教育模型本质上是模块式的，试图摒弃线性、具体、追加型和分区性质的教师教育概念，旨在提供一个循环的、完整的、互动的、多方向和多维度的教师教育重点。模块式有助于确认并集成作为组成部分但整体发挥作用的模块，每一个经过确认的模块都有具体目标，通过从其他模块中汲取营养而实现这些目标。因此，模块式模型是一个由相互强化的次系统构成的网络，这些次系统辩证地相互影响，形成一个全局的学习与教学环境。

我将要在以后几章详述的模块式模型由五个模块构成，这五个模块是"知"（Knowing）、"析"（Analyzing）、"识"（Recognizing）、"行"（Doing）和"察"（Seeing），英文缩写是 KARDS。在确认这五个成分时，我一直想的是教师起码要做什么才能成为自我决定和自我转变的个体。他们必须（a）发展自己的专业、程序和个人知识基础；（b）分析学习者需求、动机和自主性；（c）辨识他们的身份、信念和价值观；（d）实施教学，形成理论，开展对话；（e）监控自己的教学行为。任何可行的教师教育项目必须能够提升某种条件与能力，使当下和未来教师能够对学生学、教师教和教师发展做到知、析、识、行和察，帮助他们全面理解课堂中发生的一切，最终能够从实践中发展出理论，并能够实践自己的理论。

1.5 结束语

从本章开始，我强调了建立一个强有力的、协调一致的、综合性的二语教师教育模型的必要性，因为这样的模型能够帮助我们把握教育的复杂性，这种复杂性已经成为全球化知识社会的标志。我认为，任何这样的模型必须建立在全球化视角和操作原则这两大支柱上。我指出了产生于人文和社会科学不同领域的五个全球化视角，它们分别是后国家、后现代、后殖民、后传播和后方法，这些全球化视角与特殊性、实用性和可能性原则相互关联。我进一步认为，这些原则可以充当操作原则，作为探索与实施可行的教师教育项目的基础。

全球化视角和操作原则，使人们能够彻底深入地重新审视和重新构想二语教师教育的内容与实施。以全球化视角、组织原则和富有挑战性的优先目标为基础，我提出了由知、析、识、行和察五部分组成的模块式模型。我认为模块式模型有循环式、互动性和整体性特点，能够克服传统二语教师教育方法的一些弊端，有可能使我们超越传递而朝着转换的目标前进。在以下几章，我将详细介绍每一个模块。

快速读者反应

对下列问题做出快速回应。分成小组，与组内其他成员分享你的想法并展开讨论。
1. 你从本章中学到的重要一点是什么？
2. 本章没有回答的一个主要问题是什么？
3. 你在本章接触到的令你惊讶的想法或概念是什么？
4. 你没有完全理解的一个术语或概念的例子是什么？

反思任务

任务 1.1 提出合适的问题

T1.1.1 思考美国教育家玛丽莲-科克伦·史密斯和肯尼思·泽切勒的　句话："教育和教师教育是提出道德、伦理、社会、哲学和意识形态等问题的社会体系。"提出这样的问题是教育机构的责任，你对此观点同意还是不同意？原因是什么？

T1.1.2 教育机构提出（或者应该提出）哪类道德、伦理、社会、哲学和意识形态问题？

T1.1.3 回忆你上学的日子。举你的教育机构提出的一个伦理或社会问题的例子。你是怎么解决这一问题的？你的同学和(或)老师是如何帮助你解决这一问题的？你的学校在多大程度上帮助你确认并解决这个问题？

任务 1.2 面对新的全球化语境

T1.2.1 《改变教师教育》报告中主张:"在全球化视角下,无论其源自何处,有何共通性和相异性,任何师资培训体系都应该重新考虑其核心假设和操作程序"(2008:14)。你认为统治你熟悉的师资培养系统的"假设和过程"是什么?

T1.2.2 "新的全球化语境"果真能够使人"重新思考"你已经确认的那些"假设和过程"吗?如果是,为什么?如果不是,又为什么?

T1.2.3 如果你被赋予了必要的权力,你会对现行的"师资培养系统"做哪两项根本变革?为什么?

探索课题

项目 1.1 准备面对勇敢的新世界

这个项目的总目标是帮助你探索和理解研究生水平的师资培养项目的根本特点,目前你与这个项目有关系。

1.1.1 查阅你所在的大学目录,目录中罗列了院系、项目以及课程要求。仔细阅览专为你所在的教师教育项目设计的全部课程,研究对每一门核心课程和选修课程的总体目标、具体目标和学习结果所做的简要描述。

1.1.2 满足教师教育传播模型要点的课程具有怎样的特征?(详细内容请参见1.1.4小节)

1.1.3 满足教师教育后传播模型要点的课程具有怎样的特征?(详细内容请参见1.1.4小节)

1.1.4 在你看来,确定你所在的教师教育项目的总体目标和目的可能的操作原则是什么?

1.1.5 根据你的课程分析和课堂经验(可能包括课堂巡视、教学策略、课程作业、你的老师所做的哲学引导以及其他相关信息),讨论你所在的教师教育项目在多大程度上开发了你的知识、技能和性情?而这些知识、技能与性情是你成为在全球化教育语境中能够发挥作用的自主性个体所必需的。

第二章 知

> 人们往往贬低求知和智力生活的重要性，急于行动。我则满足于求知本身，只要能知道点东西就好。
>
> （Ralph Waldo Emerson 1903:84）

2.0 引言

本模块称为"知"（Knowing），而非"知识"（knowledge）。在这里我更多地强调"知"的方式方法，而不是知识主体。"知"是过程，知识是结果。两者显然有联系，甚或被认为密不可分。然而，我认为"知"比知识重要得多。这就是为什么科学家和哲学家都执意激发我们反思"知"的意义。他们中的代表人物有教育家和教育哲学家约翰·杜威（John Dewey），科学家和科学哲学家迈克尔·波兰尼（Michael Polanyi）。

约翰·杜威认为，**知识**这个术语存在问题，特别是在同学习和智力之类的概念相联系的时候。这个术语

> 过于宽泛模糊，所以不能成为任何一样具体事物的**名称**。蝴蝶可能不需要学习就"知道"了如何交配；狗通过学习"认识"了它的主人；人类通过学习"了解"了怎样通过艺术的方式或者怎样通过发挥能力做很多的事情；人们也"掌握"了物理、数学；他了解事实，知道真相，懂得怎么做。
>
> （Dewey & Bentley 1949:194，保留原文的强调）

杜威对**知识**持怀疑态度，他赞成**知**在学习和生活中的中心地位。正如德隆·博伊尔（Deron Boyles 2006:64）解释道，

> 杜威认为，"知"、知识、智力三者是有区别的。"知"是探究的过程（是一个人努力解决问题的具体实例）；知识构成了探究的稳定效果；智力则是发展和积累具体行为（也就是探究）能力的结果。

对于杜威来说，"知"并不局限于人类意识中某个地方发生的抽象的思考。相反，

它十分依赖于"知者"个人的活动。它"其实是我们做的事情"（Dewey 1919：367）。它和思考与行动有关。它和思考与行动的辩证关系的结果有关。也就是说，思考指导行动，行动也指导思考。二者相互作用，互惠互利。

波兰尼关于"知"的看法也大同小异。作为科学家，他甚至表示自己对一些观念持积极的怀疑态度。这些观念通常是和科学以及科学方法相关的关于客观性、真理、知识的观念。他质疑诸如科学总要保持价值中立的普遍观念。他认为有根据的猜想、预感、想象是人类创造力的一部分，应该得到尊重，哪怕我们可能无法将其用科学可以接受的命题术语表述出来。他也主张"我们知道的可能比我们能说出来的更多"（Polanyi 1966：4）。他称这种现象为**隐性知识**。这种隐性的求知过程是非常个人化的，并带着明显的个性主义色彩（比较：第一章1.2.2节）。也就是说，在不同的人身上，在不同的环境中，这种求知过程都各不相同。因此，它可能不具备普遍的有效性。

那么对于波兰尼来说，"知"就是"知者在所有的理解行动中的个人参与"（Polanyi 1958：vii）。它需要"人们清楚自己正在学习什么，并且为之付出热情和努力"（p. viii）。它还意味着"思想的本体论"（p. 264）；也就是说，一个人"有权根据自己的判断塑造自己的'知'，类似的例子不胜枚举"（p. 264）。波兰尼强调知者的个人判断并不意味着"怎么样都行"。塑造自己的"知"并不单单只是一个人的主观判断；它同时也是一个人知识承诺的标志——承诺了解意识与行动、理论知识与实际智慧之间的辩证关系。

杜威和波兰尼信奉的"知"学说和教学以及教师教育紧密相关。我们可以从中了解到关注个人思考和行动的结合的重要性和需求，从而更深入地理解教师的知识组成内容。

很久以来，在普遍教育领域，人们一直都在探讨教师和教师教育者们如何发展这种理解。事实上，这种探讨广泛又深入，结果单纯就这种理解本身，就已经产生了大量的让人眼花缭乱的术语和概念。广义来讲，我们发现**教师知识**这个词成为了一个涵盖性术语，用来囊括教师的理论知识、实践知识以及他们的性格、信仰和价值观。类似地，我们还发现**内容知识**、**专业知识**、**命题知识**或者**学科知识**这些术语用来指代某一学科领域的事实、理论和概念。

此外，还有对教师知识的极其细微的处理。李·舒尔曼（Lee Shulman 1986a）正确地意识到教师知识在研究教学内容方面是"空白的范式"，首先提出了自己的分析，将内容知识分成**学科内容知识**（即事实、概念等）、**教学法内容知识**（即教学方法、课堂展示等）和**课程知识**（即教学材料、教学大纲等）。随后，他发展了更为精细的"需要促使学生理解，处于教师知识结构基础的知识种类"（Shulman 1987：8）。这个新的知识类别包含**一般教学知识**（即课堂管理和组织的大概原则和策略)、**课程知识**(即作为教学工具所使用的材料和计划)、**教学法内容知识**(只针对教师的内容和教学法)、**学习者知识**(他们个体的特征)、**教育环境知识**(群体动向、学校地区的管理和财务状况、社区的特色以及文化),还有**教育目的知识**(目的、价值标准和支配它们的哲学和历史基本原理)。舒尔曼在提出这样一个详细的教师知识体系的同时,也小心地提醒我们"这个知识库的很多内容,如果不是大部分内容,还有待人们去发现、创造、和改善"(p.12)。

弗里玛·艾尔巴茨(Freema Elbaz 1983)提出另外一个叫做**实践知识**的概念,她认为实践知识是

> 能够最大程度上推动我们加深理解教师角色的单一因素。
> (p.45)

它包括

> 教师关于学科内容、课程大纲、教学指令、课堂管理、学校社区、学习风格的知识,以及关于自身的态度、价值观、信仰和目标的知识——所有这些知识都形成于其实际的课堂教学体验。所有这些种类的知识,结合上教师个人的价值观和信仰,以及教师自身所处的实践环境,就组成了"实践知识"。
> (同上:p.5)

然而,简·柯兰迪宁和迈克尔·康奈利(Jean Clandinin & Michael Connelly 1987)增加了一个层次,提出**个人实践知识**这个说法,因为他们认为教师的知识包含教师个人的经历,这些经历是指源于某一特定的教学情境需求的教师个人经历。它是

> 一种被情境塑造和改变的知识;这种知识在我们不断的经历、并通过反思来重述回味过去的经历的时候得到构建和重建。
> (Clandinin 1992:125)

其他人使用了其他的术语:策略知识、关系知识、工艺知识、案例知识、情境知识。其他的说法还有更多。正如加里·芬斯特马赫(Gary Fenstermacher 1994:7)正确地指出,诸多的标签和术语

> 未必指的是不同种类的知识。某种程度上讲,它们就好像人们取的名字一样。我们每个人都有一个正式的名字、一个外号、还有一个家里人之间称呼用的小名;我们可能在某个宗教或者社会集体里又有其他的名字。这些名字虽然使用情境不同,但都指的是同一个人。

在处理所有这些种类的知识的时候,我们始终要注意一个重要问题:教师知识研究的局限性。上文提到的知识相关术语和概念大多存在相互定义和重叠的

现象，也存在术语和概念歧义。同样，它们可能经不起仔细的推敲。从认知角度看，他们都是分散的，因为很难甚至几乎不可能将一个知识子类和另外一个知识子类严格区分开来单独研究。从方法论角度看，我们提出了一个帮助进行研究的调查方法。教师知识方面的大多数研究项目都依赖于数据收集技术，比如访谈、日记研究、个案研究、自我报告、出声思维法、模拟回忆等。研究者通过分析参与者教师的说的内容，推断出教师可能具有的用来思考和行动的潜在知识。正如大卫·布洛克（David Block 2000:759）在另外一个语境中曾指出，人们在回答数据采集时所说的话只是"研究参与者为了回应研究者的提示和提问所发出的**声音**"（保留原文强调）。

这些声音应该更多地被当成是

> 反映了某种思想状态，甚至是短暂的、进行中的社会互动，而不是反映某些知识和经验范围内的潜在的记忆和心理模式。

（同上：p.760）

因此，对于教师知识的相关研究最多只能揭示部分的知识。

我们在文献中发现了过多的标签和定义，这显然说明现在有十分丰富的资料供人们分析和解读。不过，为了师资培养的需要，我认为我们应该集中于一套易于管理的并且有意义的知识种类。因此，我在整合大量文献的基础上，画了一个简单的参照系，其中包含(a)专业知识、(b)程序知识、(c)个人知识。

在接下来的部分，我将概述这三类知识的本质和范围。我还会展示三类知识在教师的"知"的方式中的所处的位置。显然，三类知识紧密相连，互相影响。

2.1 专业知识

专业知识通常指从某领域的专家获取的知识。它代表着该学科的知识内容,整合了一系列的事实、理论和概念。它由专业领域的成员所共享。教师通过很多渠道获取专业知识:岗前和在职培训、书籍、杂志、会议、社交等。在第二语言教师教育领域,专业知识涉及语言、语言学习、语言教育的基本概念。我在下文给出一个二语专业知识的概述,该概述来自库玛(kumaravadivelu 2006b,更多叙述请见原文)。

2.1.1 语言的知识

关于语言的知识包含把语言看成体系的知识、把语言看成篇章的知识、把语言看成思想的知识。把语言看成体系的知识关注语言的系统和子系统,语言的体系和规则。比如,语音体系涉及声音的模式——词首或词尾或哪个辅音群里该出现哪些音。它还包含特定音怎样传递特定意思。语义体系涉及词的意思,每一个词素——以某种特殊方式安排的一组音素——怎样表达典型的意思。句法则探究语法规则,解释为什么

> 名词和动词和形容词并不是随意相成句子,而是由句子的统领性规则指导每个单词出现在正确的位置上。
>
> (Pinker 1994:94)

二语学习者和使用者如果能了解语言体系以及组合规则,就会说出写出合乎语法规范的语言。

把语言看成篇章的知识涉及文字连接的衔接性质。它代表着特定交际情境下形式、意义和交际意图的连贯关系,在这种关系作用下,我们的语言才能既语法上正确又交际上得体。在更广泛的层面上,它指的就是韩礼德(Halliday 1973)所说的语言的概念功能、人际功能、语篇功能的相互作用。概念功能代表着主宰我们周遭的物理自然现象的概念、过程和物体的表达和体验。人际功能涉及个人和他人之间的人际关系以及语言在其中扮演的作用。语篇功能指的是通过语言实现概念功能和人际功能,使语言使用者能够构建出连贯的口语和书面语语篇。

把语言看成思想的知识超越了语言的形式和篇章特征,进入到更高层次的考虑范围,也就是社会、文化、政治、和意识形态意义的交汇。它承认大多数频繁使用的语言都以一种特定的方式,表达特定的观点,达到特定的目的。它还承认语言受制于权力和统治。它反映了以意识形态为基础的观念和行为,而这些观念和行为又受到统治制度、历史进程、特权阶级的影响。它承认为了服务于政治或者思想的目的,语言既能被使用,也能被误用,还能被滥用。对语言思想性进行批判性分析,也能揭示出语言怎样被权力所利用。

2.1.2 语言学习的知识

关于语言学习的知识通常指从二语习得、认知心理学、信息处理等领域得出的理论和实践见解。为了更好地理解语言学习知识,我们可以先了解一下语言学习和使用中的输入—输出链中的五个主要组成部分:输入、摄入、摄入因素、摄入过程、输出。

输入指的是二语学习者可接触和理解的语言主体。它包含目标语的口语和/或书面语语料库。二语学习者能通过多种渠道接触到这一语料库,并认为它对语言学习有用且可用。学习者获取语言输入的方式包括:(1)能力合格的说话者彼此交谈或通信时使用的语言,以及各种各样的媒体所使用的语言;(2)教师、教材编写者和其他能力合格的说话者在课堂内外提到语言学习者时所使用的语法和句法都简化了的语言;(3)学习者及其同学所使用的还在发展中的语言,这其中既包括正确的也包括有错误的表达。

摄入是"真正进入学习者脑中的,而不是**可能**进入到学习者脑中的东西"(Corder 1967:165,保留原文强调),所以它只是输入到学习者的语言的一部分而非全部。这部分语言已经被全部或部分加工内化,融入学习者正在发展的语言变体,通常被称为中介语。摄入是输入和摄入因素不断共同作用的结果,这种相互作用也受摄入过程的影响。摄入无法直接观察、量化、分析,因为它是一系列复杂的心理表征。为了破解摄入的规律,二语习得研究者试图通过收集分析中介语口语和书面语,这些中介语来自语言学习者还在发展中的二语表达。

在诸多因素中,摄入因素可以促进二语的发展。目前,学术界对于到底有多少因素、哪些因素与摄入有关,还没有达成一致。回顾二语习得的文献可以启发我们到底哪些因素可被看成是促进因素。有学习者个体因素,诸如年龄、焦虑、态度、动机、外向性、内向性、冒险等,这些因素在决定语言学习成败中起了关键性作用;也有策略性因素,诸如学习策略、交际策略、诠释策略,这些因素为有效的语言学习提供了必要的工具和技术支持;还有教育因素,比如政府或教育部门实施的语言政策和语言规划,这些因素决定了二语学习者可使用的教学大纲的种类和目标。有些因素(如个体因素)是学习者内在因素,受学习者自己控制,而其他因素(如教育因素)是外在因素,几乎不受学习者改变。

摄入过程是认知过程,既影响着输入数据和摄入因素,又和两者有相互作用。这个心理过程既属于语言学习范围,又关系到一般的问题解决技巧。它们掌管着学习者将语言输入数据内化为自身语言体系时的心智过程。摄入过程塑造二语发展,帮助学习者完成假设形成、假设检验、假设确认这一心理操作,从而发现语言系统的细微之处。它们仿佛将心理语言学所说的**分析**和**控制**结合在一起。前者与语言知识相联系，后者与语言能力相联系。随着学习者开始理解二语体系的运作规律，学习者的二语心理表征体系更为复杂，他们就开始了解诸多语言范畴和概念的关系。控制这个过程允许学习者

> 随着解决问题的过程，将注意力集中到环境的具体方面，或者关注某一心理表征。

(Bialystok 2002:153)

输出指的是学习者实际说出或写出的话语集合体。除了可能经过修改的符合语法规则的表达外，学习者的语言输出还包含不曾输入的错误表达，因为这些表达是摄入因素、摄入过程相互作用的结果，也可能反映了学习者经历的语言发展阶段。

很明显，这五个组成要素——输入、摄入、摄入因素、摄入过程、输出——互相作用，最终产生了成功的二语发展。然而我们并不了解这些变量如何相互影响，也不知道哪个认知或其他机制促进或妨碍了它们之间的相互作用。

2.1.3 语言教学的知识

语言教学知识长期以来首先关注教学方法的知识。现有的教学法，从语法—翻译法到视听说教学法，再到交际教学法，都遵循着一或两条语言教学的基本途径：(1)先规则后使用，或者(2)先使用后规则。这里使用指的是交际流利度，规则指的是语法准确度。

"先规则后使用"法非常依赖语言的体系。课程设计者和教材编写者仔细选择一系列的语法结构和词汇，根据他们的学习难度不同进行排序。他们建议教师通过语法练习，每次课讲解一个独立的语法点，帮助学生练习，直到学生能将语法知识内化。这个方法的假设是，课堂教学对语言特征的持续关注最终会引导学习者在课外使用目标语交流。也就是说，人们认为语法能力最终会导向交际能力。因此，语言学习需精心策划，而非偶然得之。

"先使用后规则"法的假设是语言学习是偶然事件，而非刻意为之。当学习焦点不在语言上时，语言就能达到最佳的学习效果。也就是说，学习者把注意力聚焦在理解、表达、用语言完成任务，而不太过度关注语言的形式，就会取得最佳的学习效果。重要的是，学习者注意意义的理解，信息的传递。因此，课程设计者和教材编写者研发出了以意义为导向的、解决问题的任务，还有其他以交际为中心的活动。教师们使用这些活动创设情境，让学习者参与到开放且有意义的课堂互动中来，语法构建也就水到渠成了。

基于以上两种基本方法，我们提出干预概念，为的是促进学习者的课堂输出。我们干预的方式包括修正语言输入的内容和风格，修正互动机会的种类和

范围。对输入的修正可能是(1)基于形式的,(2)基于意义的,或是(3)兼顾形式和意义。基于形式的修正总是用在语言的结构特征上,既包括语法形式也包括交际功能。其指导思想是将学习者的注意力集中到结构特征上,增加二语发展提升的显著度。另一方面,基于意义的修正让学习者关注意义,其手段是交际任务,比如游戏或者信息差活动。这些活动确保语法和有意义的语境结合在一起。兼顾形式和意义的输入修正认为,兼顾两方面比单纯聚焦一方面更有益处。他们让学习者关注形式、意义和语篇的互动性。

互动修正可能发生在不同的语言水平阶段。在基础阶段,它用来帮助学习者学习怎样纠正自己的语音、词法、句法,尽可能地增大二语交际中相互理解的可能性,降低交际失败的数量。它还鼓励学习者多对话,教他们使用交际策略,比如理解核对、澄清核对等,来应对潜在或存在的理解问题。第二个层面,互动修正处理的是人际交流。他们关注参与者在人际互动中建立和维持社会关系的潜力,而其结果的衡量标准就是课堂上营造的人际关系亲密程度。不过另一层面,互动修正关注学习者的想法和情绪,给学习者自由,让他们在课堂内外对自身生活经历发表观点。互动修正不断创造学习者之间的互动机会,并鼓励和维持学习者参与到课堂互动中来。总之,第一层面主要关注系统概念,第二层面主要关注语篇语境,第三方面主要关注语言交际的思想内容。

总之,专业知识面向在职或未来的二语教师,覆盖了语言、语言学习、语言教学的理论和时间知识。它代表着该领域所累积并共享的知识体系,即使它目前还没有被普遍接受。专家们除了提供专业知识,还努力帮助教师提升程序知识。

2.2 程序知识

程序就是关于如何管理课堂学习和教学的知识,如何为达到期望的学习效果创建和保持课堂氛围,包括促进课堂进程,引导课堂方向。总之,它是关于课堂管理的知识。

普通教育领域一直有研究课堂管理的传统。《课堂管理手册》的编者将课堂管理定义为

> 教师采取行动、创建环境、支持促进专业学习和社会情感发展。换言之,课堂管理有两个明显的目的:它不仅为学生的专业学习创建保持有序的环境,还努力促进学生的人际和道德发展。

(Evertson & Weinstein 2006:4)

编者认为,教师实现以上两个目标的方式有(1)回应学生的问题,支持鼓励学生,同时提倡学生互相帮助;(2)教学方式以优化学生的学习途径为目的;(3)通过使

用管理策略鼓励学生参与学术任务;(4)促进学生发展社交技能和自律意识;(5)合理干预,帮助学生解决行为问题。

历史上,普通教育学家在课堂管理方面主要遵循两种方法:行为学和生态学的方法。行为主义心理学强调强化和刺激控制。很多年来,教育家受行为主义心理学的影响,将关注焦点局限于检测和管理有行为问题的学生,以及合适的训练方法。研究重点在于规则、奖励、惩罚。其核心目的是维持有序的教学环境,确保教学有效进行。后来,教育家们意识到,课堂管理远非单纯控制学生的行为那么简单,所以他们转向了生态学方法,强调在课堂中创设具体的情境。自从20世纪80年代以来,课堂管理的核心从泛泛的教师特质转移到具体的课堂管理模式,从与个体学生的互动转移到管理课堂整体,从管理行为转移到管理学习(Doyle 2006)。

二语教学专家们也主张类似的生态学课堂管理原则。迪克·奥莱特(Dick Allwright 1981:5)发表过一篇开创性的文章,提出了语言学习管理的概念,并提出语言学习管理的三个阶段:

> 决定做什么,基于决定采取的行动,以及为将来的决定打基础的回顾过程。

后来他又指出,学习的管理需要教师和学生共同努力。他们应该一起为课堂创建尽可能多的学习机会,维持良好的氛围。正如他曾在其他地方提到的:

> 所有人都是课堂的参与者。所以,学习者行为可以对课堂起到实质性的影响,这种影响既可以是好的方面,也可能是坏的方面。
>
> (Allwright 2005:16)

课堂语言学习管理有几个方面,其中最重要的方面是话语管理和话题管理(Kumaravadivelu 2003b)。话语管理主要是管理信息交换的结构,包含提问的形式和期待得到回复的形式。大多数语言课堂的信息结构都遵循IRF顺序,也就是教师发起(I, initiate),学习者响应(R, respond),教师提供适当的反馈(F, feedback)。大多数传统的课堂上,教师控制着话语管理,遵循IRF顺序。这种传统常常限制了有意义的互动的发生。教师们可以抛弃这种死板的模式,问学生**参考性问题**,寻求新信息,也允许学生给出开放式的答案,而不是问**展示性问题**,后者只允许教师和学习者展示固定的语言用法。如果教师能够将话语管理和话题管理很好地结合在一起,就可以促进展开真正的对话。

话题管理和课堂话语的内容有关。通常,教师将自己局限于讨论教材规定的话题。然而,超越教材,鼓励学生根据自己的兴趣发起新的话题,可能增加学生参与课堂互动的积极性。此外,这样做还让学习者把自己对某一话题的观点和教师以及其他学习者分享,而其他学习者因为生活经历不同,观点可能也不一样。研究表明,让学习者部分控制话题有几个好处:(1)将语言输入的复杂度调整为适合学习者的语言水平程度;(2)有交流问题的时候,可以创建更好的机会去探讨意义;(3)刺激学习者产生更为广泛的、复杂的语言产出(Slimani 1989,Ellis 1992)。当然,教师还需具备处理学习者可能提出的敏感问题的能力。

教师应该知道,话语和话题管理可能受到一些因素的影响,包括教学目标和方法、学习者特征。旨在被动地迎合学习者的管理策略可能违背了强调主动学习和合作产出课堂话语的教学方法。如果课堂上学习者来自不同的语言文化背景,那么就需要教师在选择管理策略时,考虑到学习者的期望。此外,教师应该知道有助于课程顺利进行的方法。包括(1)何时使用单个、成对、小组、全班活动;(2)成对活动和小组活动的评价标准是什么;(3)问题提出以后,他们需要等多久,才将问题转述给下一个学生;(4)是否允许学生在课堂上使用母语,什么时候可以使用。课堂管理策略的困难在于,它们都是在具体的教学情境下定义、解决的,而每一个情境都可能对教师提出不同的要求。

尽管课堂管理很重要,也很难,但是很少有教师教育项目能够提供管理策略方面有条理的实践经验。我们可以假设:大多数教师发展程序知识的方式是(1)通过洛尔蒂(Lortie 1975)说的"旁观习艺",也就是说,教师们自己当学生的时候就已经观察了很多年的课堂教学,可能已经从自己的老师那里学习到了一些教学技巧和管理策略;(2)自己教学过程中的不断尝试和改正。研究表明,学习程序知识和专业知识对以后当老师的人最有用,而且通过教学实习,包括课堂教学、角色扮演、视频分析等,可以轻松地学到这些知识(Crookes 2003, Tsui 2003)。研究还表明,缺乏程序知识很可能导致教师难以将教师教育培训学习到的专业知识运用日常教学实践中去(Bartels 2006)。

最后对这一部分做个小结。程序知识包含有效管理课堂语言学习的知识和能力。适当的课堂管理策略有助于教学顺利进行。教师在班级教学初期就运用这些策略,可以为接下来的学习定下课堂氛围。教师通过有效运用程序知识,可以向学生释放强烈的信号,告诉学生他们接下来的课堂氛围是怎样的。课堂管理

> 复杂、模糊、困难,需要教师超越单纯的控制策略,具有批评探索精神、反思能力。而这也正是反思性实践者的特征。
>
> (Larrivee 2006:984)

正是通过不断的探索和反思,教师才能构建起最重要的一种知识——个人知识。

2.3 个人知识

如果专业知识和程序知识体系代表了专家的集体智慧,那么个人知识则代表了教师个人的努力。它是教师的反思、反应、洞察力、直觉的衍生物。它反映了教师的思想过程,这个过程要经历教师教育项目前、中、后的不断观察、体验和阐释。久而久之,教师们积累了对于好的教学的意识,这种意识不需要解释,有时也难以解释。这种教师自己积累下来的意识有很多说法:**意义建构**(van Manen 1977),教师的**正确感**(Prabhu 1990),以及教师的**实用观**(Hargreaves 1994)。

教师的个人知识包括批判性识别、思考、回顾、重建自己的身份、信念、价值观(具体内容参见第四章)的能力。随着教师学习处理来自知识准备、个人信念、制度约束、学习者期望、评价工具等因素的压力,教师的个人知识不断成熟。这种批判性的参与让教师"持续再创造个人意义"(Diamond 1993:56),帮助他们

> 认识到自己有能力想象和尝试各种可能性——最终实现自我指导和自我决定。
>
> (同上:p.52)

持续再创造个人意义是一个漫长孤独的过程。不是所有人都经历同样的路径,也不是每个人都到达同一个目的地。路径和过程也都模糊不清。其中一个原因是教师的个人知识是隐式知识(或用波兰尼的话说,隐性知识),既不能用实验检验,也不能描述清楚。有人说教师们主要通过解决问题和实践推理学习个人知识(Woods 1996,Bartels 2006)。教师在课堂教学中遇到问题的时候,通常寻求解决的办法就是观察学生的行为、评估学习的结果、结合专业知识和个人经验反思自己的课堂行为的影响,从而找到解决问题的线索。这种想法符合认知心理学家称为隐性知识的本质(Bereiter & Scardamalia 1993)。

教师的个人知识是教师知识中最难理解的形式。不过我们目前知道个人知识和特殊性、实用性、可能性紧密相连(见第一章 1.2 节)。正如有学者(Elbaz 1983:5)曾明确指出,它包含教师

> 对学生学习风格、兴趣、需求、优势、困难的第一手资料,以及对教学技术和课堂管理技能的掌握。教师了解学校的社会结构,也知道对于教师和学生而言,生存和成功的必备条件;教师还了解学校所在的社区情况,知道社区接受什么,拒绝什么。

个人知识与当地的社会、文化、教育因素息息相关,因为这些因素决定了特

定情境下的教学。同样,它也只能从直接的课堂参与中获得。

正如简·柯兰迪宁(Jean Clandinin 1992)曾指出,教师在不断的实践与反思过程中构建与重建自己的个人知识。最终,正是这些个人知识指引着他们日常的教学工作。不过,个人知识本质上就很特殊,因为它因教学情境和教师个人而异。此外,它还

> 很容易受直觉和民间大众理论的影响,而大众的看法有时和学者普遍接受的看法一致,有时却和语言教育专家所认为的真理背道而驰。
>
> (Hedgcock 2002:302)

由于教师个人知识的特殊性,很多研究者并没有把它与专业知识理论放在同等的重要程度上。他们不公开贬低个人知识的重要性,却还是指出"将教师所相信、想象、凭直觉感知、感觉和反思的东西认定为知识,是犯了认知论的错误。并不是说这种心理活动最终不会让人收获知识;而是这些心理活动一旦被推测或者表述出来,就一定要评估其认知价值"(Fenstermacher 1994:47)。评估教师知识的"认知价值"仍然是一个棘手的问题,主要因为鉴定知识体系很容易,可是鉴定获取知识的方式很难。

教师认知的研究核心就是鉴定并了解教师获取知识的方式以及他们的所知所为之间的联系。教师认知领域的研究者们借用认知心理学的理论概念,试图探究教师如何获取专业和个人知识,怎样将知识储存在心智目录中,以及需要的时候如何调取和使用这些知识。在一项二语教师认知领域的开创新研究中,戴文·伍兹(Devon Woods 1996)提出 BAK(信念 belief、假设 assumption、知识 knowledge 的缩写)的相关命题"指的不是特殊的概念,而是意义的范围"(p.197)。他认为,BAK 塑造了

> 教师对很多教学事务的看法:(1)课堂活动(包括像课堂发言和讨论之类的内容),(2)课程大纲(包括更高级的教学结构,比如结合制度组织课程教学的内容),(3)教材的方法,(4)理论和研究文献,(5)教学法概念,(6)设计方法。
>
> (同上:p.213)

然而,教师在决策过程中如何运用 BAK 仍然是个有待解决的问题。

近期的教师求知研究假定教师受课堂的经历影响,通过教学和反思得到的反馈和经验获取个人知识,并利用个人知识创建自己的理解和课堂行动方案(Bartels 2006)。不过,这里也没解释清楚教师怎样创建现场的行动方案。正如芬斯特马赫(Fenstermacher 1994:54)曾说:

> 教师知识的研究,不是难在展示给我们教师怎样思考、相信什么、有什么看法,而是他们知道什么。更重要的是,他们知道自己知道什么。

因为教师获取知识的复杂性,以及研究该过程的难度大,我们至今还没有找到确切的答案。

2.4 结束语

本章中,我重点谈了普通教育领域,或者某种程度上说的应用语言学领域,一直广泛关注的教师知识问题。我质疑了文献中发现的诸多混乱的教师知识的定义和标签的教育学价值,提出更为简单的分类方法:专业知识、程序知识、个人知识。专业知识属于专家产生和传播的学科的内容,程序知识属于创建和维持有助于学习的课堂氛围的课堂管理策略,个人知识指教师个人的正确感,也就是对什么方法有效、什么方法无效的感觉。

提出教师的专业知识、程序知识和个人知识框架之时,我在本章开始就重点强调了知识和"知"的哲学区分。知识是产品,虽然很重要,但却没有"知"这个过程有价值,收到的关注也更少。然而,我们对于教师获取知识的过程知之甚少,因为学习的认知过程极为复杂,难以探究。只有我们确切地研究清楚教师的想法和知道什么,以及他们怎么知道他们自己的知识内容,我们关于教师知识的知识才清晰明朗,不再是片面之言。

快速读者反应

快速回答以下问题。分成小组,和组内成员分享并讨论你的想法。
1. 你从本章中学到的重点是什么?
2. 你在本章中还有什么问题没有找到答案?
3. 你在本章中发现了什么惊人的想法或概念?
4. 你没有完全理解的术语或者概念是什么?

反思任务

任务 2.1 专业知识

2.1.1 本章呈现了三种知识:专业知识、程序知识、个人知识。他们紧密相连,互相作用。根据你的教学经验和(或)你上学时的"旁观习艺",思考并谈谈教师的日常教学来自教师自己的三种知识。

2.1.2 列举任何一个专业知识的例子(无论是语言、语言学习或者语言教学方面的都可以),讨论课堂活动(也就是教师对知识的运用)怎样体现专业知识、程序知识、个人知识。

2.1.3 有人说专业知识是专家产生的知识。在什么情况下,教师(能)产生专业知识?什么时候教师的个人知识能被看做是专业知识?如果教师的知识比专家的知识更重要,那么你认为专家的专业知识和教师的个人知识相比,特殊之处在哪里呢?

任务 2.2 个人知识

2.2.1 个人知识意味着教师的"教师教育项目前、中、后长时间的不断观察、体验和阐释的思想过程"。选取一段时间(前、中、后),选取一个具体例子,讨论你的个人知识的一个典型特征,如何依赖或者不受你所熟悉的教师教育项目的影响。

2.2.2 "久而久之,教师们积累了对于好的教学的意识,这种意识不需要解释,有时也难以解释。"为什么这种意识不需要解释,为什么无法解释?如果可以解释,那么教师应该(能够)怎样表述其原理、解释其决定、管理其行为?

2.2.3 教师的个人知识与特殊性、实用性、可能性的操作原理紧密联系。回忆第一章1.2节的这些操作原理。思考并讨论这些原理对教师个人知识有哪些影响。

探索课题

项目 2.1 程序知识

这个课题的目的是帮助你探索和了解有助于达到学习效果的课堂管理策略。

2.1.1 想想教过你的最好的老师。你怎样描述他的"课堂文化"?在你看来,是什么使这种文化成为可能?

2.1.2 如果你学校里或者学校附近有集中的英语课程,观察一到两节英语外语课。(或者观察任何外语课。)如果教师允许,为课程录像(录音);如果不允许,就详细记录。

2.1.3 做一个"快速不求甚解"的课堂话语分析,特别关注课堂管理策略。关注诸如(1)话语结构(2)问题类型(3)学生发起话题(4)等待时间等问题。

2.1.4 分析之后和教师谈一谈。了解他对于创建的课堂文化的看法。学生们在创建和维持课堂文化上扮演什么角色?将你的看法和他的进行比较。

2.1.5 人们一直认为教师教育项目不会明确地集中在帮助未来的教师发展程序知识。你所参加的教师教育项目怎样在课程中体现了课堂管理策略?或者,是否有所体现?

第三章 析

自主就是使用最高层次的思考来指引自己的行为。一个自主的人,有自由决定自己认为有趣、重要、有发展的事情。

(Edward Deci & Richard Ryan 2008)

3.0 引言

本模块——析(analyzing)——的基本假设是二语教师为了负责地、成功地开展教学,必须发展必要的知识和技能,学会分析、理解学习者需求、学习者动机、学习者自主性。而这些分析和理解的难点在于:学习者需求、动机、自主性由很多个人的、制度的、政府的、社会的需求决定。这些有时候互相矛盾的需求因时间和环境的不同而改变。全球化和随之而来的经济机会,正在改变着很多国家的英语语言政策和规划。比如,很久以来,英语在印度一直是被当做"图书馆语言"来教的,教学的重点是培养学习者的阅读能力,使学习者可以读懂英文书籍报刊,更好地从事科技研发工作。现在,教学重点逐渐转向交际能力的发展,为的是学习者可以在全球化的工作市场中充分利用各种可能性。在南美洲的巴西和哥伦比亚、东南亚的日本和韩国,英语语言政策和规划也呈现类似的趋势。

对学习者需求、动机、自主性的系统分析既要考虑宏观层面的社会经济和教育因素,也要考虑微观层面的学习者语言使用和学习目的等问题,例如:学习者在什么情况下使用目标语;为什么他们报考语言专业;他们自己具备怎样的学习策略和风格。传统上,这种细化的分析由语言规划者、教学大纲设计者、或者教材编写者完成。不过,教师们为了满足学习者需求、动机、自主性,在设计课堂活动的时候也应该具备此类知识。此外,他们也应该考虑到自己的教学实际情况,重新评估和改动外部人员所做的分析。

在下面的章节,我将简要探讨学习者需求、动机、自主性三者之间的关系。显然,全球化的社会有不断增长的需求和期待,这一点正在改变着学习者需求、动机、自主性的本质,传统的分析和解释方法也因此存在不足。

3.1 学习者需求

学习者需求的简单定义是:是什么和应该是什么之间的差距(Brindley 1984)。因此,需求分析的核心目标是发现语言学习者应该学什么、喜欢学什么、没有学什么,也就是了解学习者的需求、喜好、不足。学习者需求一般不是由学习者自己决定的,而是由其他相关人员决定的,比如政策制定者、教师、学校、教育部门、雇主等。因为学习者对自己的需求有不同的看法,教师可能要用到布林德利(Brindley 1984)说的**客观**需求和**主观**需求。教师们分辨学习者客观需求的依据有:外部人员所做的动机分析,和自己在课堂上收集到的学习者的个人数据。主观需求是学习者的喜好、厌恶、欲望、期待,只能通过学习者的自愿合作和积极参与来判断。

分析学习者的喜好(也就是主观需求)极其重要,因为"离开了人,需求也就不存在了"(Richterich 1984:29)。通过进行喜好分析,教师可以了解学习者的具体预期,在课堂上努力满足学生的需求。教师可以通过发放问卷,询问学习者的学习目的以及学习风格和策略,从而了解学生的喜好。事实上,问卷的结果可以当做一项教学内容,从而促进课堂上的协商互动。

学习者自我感知到的喜好可能与包括教师在内的分析家所做的需求评估结果相矛盾。如果不能把握学习者的喜好,就不能创建和保持学习者的学习积极性。这种偏差也会影响学习者的课堂行为,特别是在学习者对课堂活动的认识、关注程度、努力程度方面(Nunan 1989)。在一些亚洲国家好像就上演着这种情景,大量的公立学校教师水平低下,设备差,学生们为了获得所需的英语交际能力,蜂拥进入私立语言学校学习,这些语言学校如雨后春笋般地在大城市涌现。

和需求和喜好紧密联系的就是不足。目标水平"需要和学习者现有语言水平相配。两者之间的差距就是学习者的不足"（Hutchinson & Waters 1987：56）。针对性的诊断测试很容易可以看出学习者在语法结构、句型、从句、词汇、言语行为等语言特征方面的不足。然而，关注以语言为主体的不足带来的只是对不足的片面了解。教师应该注意到和课堂活动相关的个人、社会、文化、经济、制度、后勤因素。分析不足也应该同时考虑到是否缺乏重要的物力资源，比如教材、视听器材等。

分析学习者需求、喜好、不足，可以有几种收集相关数据的方法，包括调查问卷、个人访谈、分级考试、课堂观察、自我报告。在进行需求分析时，应该确保三角校正法。也就是说，分析者必须就语言学习者在特定环境下需要学习什么收集大量的观点。这些观点可能来自多种人，包括学习者、教师、父母、管理者等等。每一种人对语言学习者为了提高二语技能应该采取的做法有不同的看法。这种看法的多元性非常重要，因为它和课程大纲设计直接相关。它们决定了总体目标、具体目的、课程内容，并确保其相关性。

三角校正法带来的问题就是，分析者的角色是具体的语言教学群体的局内人还是局外人。局内人（比如一线教师）可能对她的学生的语言需求更为了解。然而，受过识别交际行为训练的局外人可能对需要提高哪些具体的交际技能有更好的看法。印度科学院的例子可以很好地说明这一点（Ramani et al. 1988）。印度的研究者当时在进行需求分析，研究目的是根据工业设计专业的学生的需求设计英语课程。通过采访学校的科学家，研究者发现必修的设计研讨课的目的是让学生有机会为自己的设计选择辩护，而不是单纯地报告自己的设计进展。如果没有其他机构的同事强调其重要性，这种争辩和报告的区别就可能被分析者忽略了。分析者意识到局外人的观点，就可以为了满足学生的具体需求而给英语课程做出合适的调整。

需求分析的重要性可以追溯到20世纪70年代晚期和80年代早期语言交际教学法的发展。这种教学法强调学习者语言需求的中心地位，引发了设计出以需求为基础、以学习者为中心的英语教学课程，既包括普通英语也包括特殊用途英语。这段时间，需求分析很大程度上意味着分析学习者在普通或者具体（也就是多数情况下和工作相关的）场景下为了有效交流而必须具备的语言技能。这种狭隘的理解，被称为是以结果为导向的观点，因其局限性而遭受批评，与其相反的是更为广泛的以过程为导向的观点，后者关注学习者个体的需求（Brindley 1984）。更为广义的观点考虑到了影响学习的情感和认知因素，因为学习者需求与其他因素，比如动机、认知发展、学习风格、策略、态度、观念有错综复杂的关系。因为它们可能和学习者的成功有关，所以就有必要考虑到这些因素。

针对更广义的需求分析的局限,莎拉·贝尼希(Sarah Benesch 2001:61)指出,需求一直被错误地看成

> 一个心理概念,暗示学生要求或需要教育机构指定政策。它将个人的要求与公众的要求和规章制度合为一体。它暗示学生如果遵守规则,就会得到满足。

贝尼希论证了需求分析怎样忽略了机构要求和个人需求的区别,以及它怎样将教育决策中的权力斗争隐藏起来。简而言之,需求分析的政治和思想本质被长期忽略。针对这些矛盾,贝尼希(同上:p.43)提出了**批判性需求分析**,其中包括审视

> 谁制定目标,为什么有这样的构想,满足了谁的利益,是否应该遭受挑战和怀疑。

通过将学习者的需求和学习者权利相结合,批判性需求分析法试图帮助学习者

> 表达和规范自己的反对意见,以更加民主的方式成为社会的学术社区的一份子。

(同上:p.43)

批判性需求分析强调学习者需求和学习者权利,有可能为学习者更好地参与到课堂活动铺设道路,从而引发更强烈、更持久的学习者的积极性。

3.2 学习者动机

"有了动机,"皮特·科德(Pit Corder)45年前曾说,"人一旦接触到语言资料,就必然会学习外语"(1967:164,保留原文的强调)。正如他观察到的一样,人们常常发现学习者动机是和成功的二语发展有关的重要因素。大多数二语动机研究都受到著名加拿大社会心理学家罗伯特·加德纳和华莱士·兰伯特(Robert Gardner & Wallace Lambert 1972)的启发。两人将动机划分为融入型动机和工具型动机。前者指为了融入目标语社区成员而学习二语的兴趣,而后者指出于功能型目的,如求职或通过考试,而进行二语学习的动机。在早期的研究中,加德纳和他的同事(详细文献综述见 Gardner 1985)报告说融入型动机比工具型动机高级得多。然而,其他教学情境下的研究并没有发现这种优越性(Lukmani 1972, Chihara & Oller 1978)。事实上,通过对动机研究的全面回顾,发现二者的相关性有各种可能:正相关、零相关、负相关、甚至是模棱两可

(Au 1988)。在后来的研究中，加德纳和他的同事也发现融入型动机和工具型动机都"对学习和学习行为指数有持续且有意义的影响"(Gardner & MacIntyre 1991:69)。尽管研究结果还很模糊，但是融入型动机这一概念本身很久以来一直备受关注。

融入型动机有一个重要方面引发了广泛的讨论，那就是它的基本前提：学习者必须表现出"对另一组的人和文化的由衷的个人兴趣"(Gardner & Lambert 1972:132)而且他们"必须愿意认同另一个种族语言群体，并接纳他们行为的细微的特征"(同上：p.135)。有几个因素会削弱这个论据。

从宏观层面讲，社会心理学家将社会认同和种族语言归属作为成功的二语发展的动机和标志。他们可能无意中透露出自己和本土主义者的设想有相似之处。他们认为文化同化应该是移民和二语学习者的最终目标。而本土主义者的这种观点并不受欢迎。这种观点的支持者认为融入型动机是达到文化同化终极目标的优先路径(具体内容见 Kumaravadivelu 2008)。这种观点让人联想到曾饱受争议的沃尔夫假说(Whorfian hypothesis)，它认为语言和文化密不可分。后殖民作家，如萨尔曼·拉什迪(Salman Rushdie)、齐诺瓦·阿切比(Chinua Achebe)等已经展示了西方语言怎样被重建为表达西方社会文化细节的工具，从而证明了语言和文化并非密不可分(Kumaravadivelu 2003a)。

与此紧密相关的因素是世界英语的兴起，其形式、功能以及传播速度都让人惊叹。亚洲和非洲的后殖民社会已经接受了英语这门额外语言，它们迅速意识到：英语与殖民和文化帝国主义密不可分，而且带有沉重的文化包袱。它们把英语去殖民化的方法之一就是本土化(Kachru 1983)，即把英语的语音、句法、语用和文化方面都进行本土化。它的核心目的就是去除英语帝国主义留下的痕迹、宣布对英语以及英语教学的所有权。这个目标是否已经达成尚无定论。

随世界英语的发展而来的英语所有权问题再一次引发了人们对融入型动机和二语发展相关性的讨论。遵循这个明确的论点——"融入型这一概念不适用于世界英语环境下的二语学习者"(Coctzcc Van Rooy 2006:447)，二语动机研究者们(Ushioda & Dörnyei 2009:2—3)开始

> 探究在没有明确的说话者群体时，我们能否使用融入型动机这一概念。当英语的所有权并不归属于某一明确的说话者群体时，谈论融入型动机是否还有意义。这说话者群体既可以指英美国家的本族语者，也可以指讲世界英语的人。

随后的研究与融入型动机的相关性联系更为紧密，关注全球化进程和其对语言教育的持续影响，特别是身份认同的形成(详见 Kumaravadivelu 2008)。正如第一章曾提到过，全球化，特别是文化全球化，已经向全世界的大多数人展示了前

所未有的文化发展机会,同时也对他们自己国家和文化身份造成了前所未有的威胁。结果,世界各地的人们都越来越意识到学习英语的需求,也意识到保留和保护自己国家语言文化身份的必要性。他们意识到在全球化的世界中选择和形成身份时,他们需要批判性的知识来帮助自己辨别信息,区别虚假信息,区分想法和意识形态。信息的网络化让普通人也能寻找到这些批判性的知识。个体可以轻易获取知识数据,进行批判性的自我反思,有机会评估自己和其他人的文化价值观,发展全球的文化意识,而这有可能使他们的生活更丰富(kumaravadivelu 2008)。

由于全球文化意识在增强,还相信二语学习者具有融入型动机就显得可笑了。一些国家和地区努力确保当地的语言和文化特征不会成为文化全球化的牺牲品。受其影响,全世界的语言政策制定者都在努力把英语教学设计成国际交流和某种程度上国内交流的工具,同时也是世界人才市场的敲门砖。越来越明显的是,非英语世界学习和使用英语是为了交流,而不是出于文化认同的目的。印度的学者告诉我们,印度人学英语是为了满足教育的需求,他们把英语和自己的文化信仰和行为分开(Krishnaswamy & Burde 1998)。类似的,印度尼西亚的英语学习者的身份认同首先是作为印尼人的本土身份,其次才是讲英语的世界公民(Lamb 2004)。对于巴基斯坦人来说,英语反映的是伊斯兰教的价值观,体现了南亚穆斯林的思想(Mahboob 2009)。土耳其人很容易就"把土耳其和穆斯林的身份放在首位,英语课上展现出的西方存在方式位于其次"(Atay & Ece 2009:31)。久保田和林(Kubota & Lin 2009)与林(Lin 2008)证实了世界上大多数英语学习者只是把英语看成交流工具,也仅仅是把它当成交流工具来使用。

二语动机研究者注意到了文化全球化的影响和保留地方语言文化身份的需求。波尼·诺顿(Bonny Norton)强调将身份理论和二语习得理论相结合的重要性,提出了**投资**这一动机概念,"设想语言学习者具有复杂的社会历史和多种要求"(Norton 2000:10)。她正确地指出

> 投资目标语也是投资学习者自己的身份认同,这个认同在不同的时间空间里不断变化。
>
> (同上:p.11)

此外,正如库玛(Kumaravadivelu 2002:49)曾指出,也有可能

> 因为不同文化背景下的人们接触增多,因为人们知道了对方的价值观和看法,任何用已经全球化的英语作为文化帝国主义的工具的努力,都注定会是徒劳。

因此,有些学者已经意识到并且在努力寻找二语动机研究的"范式转换"。他们中一些人认为,二语动机

> 现在正处于在当下的自我和身份认同观念环境下彻底重新定义、重新理论化的过程中。

(Ushioda & Dörnyei 2009:1)

目前的自我和身份认同观念大多来自后现代主义,它认为个人身份是多重的、动态的(具体内容见第四章4.1节)。多内伊(Dörnyei)吸收了后现代主义对自我、身份、能动性的看法,并把它们应用在二语动机研究上,他提出了"二语动机自我系统"的概念。这个系统由三个成分组成:(1)理想的二语自我,代表着人们想具备的属性(即代表着期待、抱负或希望);(2)应该的自我,代表着人们认为自己应该具备的属性(即满足期待并避免可能出现的负面结果);(3)二语学习经历,代表着与目前的学习环境和经历相关的动机(即教师、课程、同学、成功经历的影响)。激励自我系统的这三个成分为研究了解二语动机提供了新渠道。有一个支持这一观点的定量研究,研究生活在法国海外军团中以英语为母语的人的二语身份和动机。研究结果表明

> 动机依赖语境,是多层面、动态的,个人二语学习积极性的改变的原因是不断认同、分化的过程以及二语学习的经历。

(Lyons 2009:249)

除了后现代的观点,认知心理学的发展也为二语动机和身份认同研究提供了宝贵的概念资源。自我决定理论(SDT)就是其中之一。自我决定理论由爱德华·德西和理查德·瑞恩(Edward Deci & Richard Ryan 1985)提出,是已确认的认知心理学中内在动机和外在动机理论的细化。内在动机意味着渴望参与活动从而获得快乐。除了活动本身带来的快乐以外没有明显的回报。个体寻求并参与内在动机型活动,目的就是寻求满足感和自我决定感。内在需求和人的基本需求一样,是人类与生俱来的需求,并且在激发行为方面起到重要作用。外在动机只能被外在诱因激发,包括获得和维持认可、避免不被认可、获得或者失去特定的有形奖励。外在动机受生活实际的考虑影响,包括努力、成功或失败带来的所有感受。因此,相比内在动机,外在动机涉及更低层次的自尊和更高层次的焦虑。

自我决定理论从实验研究而来,假定人类有三种核心心理需求:能力(即人相信自己能够影响和获得预期结果)、关系(即人需要有满意的能提供支持的社会关系)、自主(即人们行动时,心中有自己选择、决断、决定的意识)。这些核心需求受内在动机和某些外在动机的刺激和维持,同时前者起到关键和决定性的

作用。自我决定理论提到内在动机的重要性,这一点和后现代的自我观念相呼应。因为,正如德西和瑞恩(Deci & Ryan 2000:231)指出,内在动机需要意志力——"有机体对自主经历和行为的渴望与其综合的自我观念相一致"。自我决定理论将意志力、自主经历、自我决定联系在一起,提出动机和自主性紧密相连的重要观点。

3.3 学习者自主性

根据自我决定理论家的观点(Deci & Ryan 2000:235),自主性不仅是人类的共性,还是动物高度进化的趋势,也就是为了达到行为目标而自我调节行动的趋势。同样,人类对自主性的需求,以及对能力、关系的需求,超越了文化和环境。在最近的跨文化自主性研究中,瓦莱丽·谢克夫(Valeryi Chirkov 2009:254)消除了普遍的"概念困惑",也就是

东方国家的人有极强的集体主义精神,他们骨子里就抵触自主和个人自由。

并且提出:文化

因地区而异,不同的地方,人们可能因为文化差异而有不同的需求、采取适当的行动,从而实现自我满足。

换句话说,不同的文化对自主性有着不同的定义和理解,为培养自主观念提供了不同形式的支持。

二语研究者们与他们从事认知心理学和普通教育研究的同事一样,强调语言学习和教学中自主性的重要地位。在最新的文章中,菲尔·本森(Phil Benson 2006)从80年代早期的欧洲委员会的现代语言项目开始,追溯了二语研究和教师对自主性的兴趣是怎样逐渐增加的。这个项目把学习者自主性定义为"管理自己学习的能力"(Holec 1981:3)。其他学者拓展了这个定义,加入了学习者发展和锻炼批判性思考、决策、独立行动的能力(Little 1991:4)。因此,真正具有自主性的学习者应该自主界定学习的目标、内容、方法,并自己掌控学习的进程、评估学习结果。后来,威廉·利特尔伍德(William Littlewood 1999)怀疑大多数二语学习者不具有完全的自主性,又划分了前摄自主和后摄自主。前摄自主意味着,学习者一旦确定了方向,就会自主组织资源,以便达成目标。

学习者自主性与学习策略似乎存在共生关系。在最近的研究综述中,丽贝卡·奥克斯福德(Rebecca Oxford 2011)发现学习者自主性经常出现在和学习策略有关的文献中。我们不难发现二者之间的联系,因为毕竟学习策略处理的是学习者为了达到语言发展这个目标而采取的行动,学习者自主性就是其中的重

要部分。因此,早期的二语学习与教学中,学习者自主性的研究和语言学习策略、语言策略的使用有相当程度上的联系,也就不足为奇了。研究者为学习策略进行了有用的分类,描述了学习者的认知、元认知、情感、社交、补偿策略,也提供了循序渐进的策略指导(O'Malley & Chamot 1990,Oxford 1990)。随后的研究揭示出:优秀的语言学习者在不同的语言技能和目的上会使用不同的策略,选择的依据就是诸如年龄、动机、文化、国籍之类的因素(详见 Griffiths 2008)。其总目标就是使学习者更活跃地参与到语言学习中去,使教师对学习者自主性和学习困难更加敏感。无疑,现在关于学习策略和学习者培训的信息很丰富,可以让学习者锻炼自主性、最大程度发挥学习潜能。

有些学者(Benson 1997,Pennycook 1997)认为以策略为基础的学习者自主性是必要的但不是全部,他们试图拓展学习者自主性这个概念,加入了

> 一些因素,诸如学习发生的社会环境、课堂内外的角色和关系、学习任务的种类、语言学习的内容。
>
> (Benson1997:32)

如何成为自主的语言学习者和使用者被认为

> 并不是怎样学习的问题,而是如何争取文化选项的问题。
>
> (Pennycook 1997:45)

将社会文化和政治因素考虑进学习自主性的做法与保罗·弗莱雷(Paulo Freire 1972)所提倡的批判性教学法相一致。它关注学习者和教师应该起到的变革作用(见第一章)。

在这种环境下,库玛(Kumaravadivelu)严格区分了广义和狭义的学习者自主性。狭义的自主性认为学习者自主性的目的是学会如何学习,而广义的则是学会摆脱束缚。狭义的自主性通过让学习者掌握自学的工具,教会他们为了实现学习目标使用适当的策略,实现学会如何学习。首要的关注重心是"学习者通过使用策略而获得学习上的进步"(Kumaravadivelu 2003b:133)。

狭义方法把学会学习当成目标,与之不同的是,广义方法把学会学习当成达成目标的手段,而最终目标是学会解放。前者主张学术上的自主性,而后者主张自由自主。因此,库玛(Kumaravadivelu 2003b:141)谈到:

> 学术自主使学习者为了实现学习目标而使用策略进行学习,自由自主使他们为了实现人的潜能而成为批判性思考者。

自由自主符合批判性教学法的宗旨,积极帮助学习者意识到进步的社会政治因素,为学习者提供克服阻碍必要的知识工具。"从学习到自由"方法强调的

就是如果我们认真致力于帮助学习者成为自主的个体,那么我们就需要考虑塑造二语课堂文化的社会政治因素。

最近,二语动机研究者发现了自由自主和动机的联系。埃玛·江间(Ema Ushioda 2006:149)结合了维果斯基(Vygotsky)的社会文化理论和弗莱雷(Freire)的批判性教学法,提出:自主性和积极性都"无法避免和政治的联系,在我们的研究和教学实践中应多考虑这一点"。她建议任何对二语动机的社会建构过程的批判性观点都应该建立在自主性理论框架之下。她认为,这需要二语学习者或使用者建立起对所接触语篇的社会建构、意识形态、社会定位的批判性意识,这样才能有效发挥能动性,表达自己的观点。江间(Ushioda 2006:158)提出:动机的管理

> 不单单和语言选择问题有关,也和日常参与语言学习、语言使用、社会环境的过程有关。

一些二语动机和自主性的研究发现也和持续的全球化进程有关。一些一流大学,特别是英国、美国、欧洲、澳大利亚的大学,正在增加国际学生比例,有些学校还主动在海外成立分校。结果,教育政策和实践越来越国际化。其中,强调自主和个性已经成为教育界的全球趋势。已经有人正确地指出:交际教学法和任务教学法的传播、自选资料自学和计算机辅助教学策略和材料的使用,有利于开展语言学习自学活动(Benson 2006)。把自主性的范围扩展到个人和社会概念,包括自我决定、自我激励、能动性、身份认同,是非常有益的进展,也迎合了全球化社会的需求。

3.4 课堂暗示

前面提到了在学习者需求、动机、自主性方面的新进展,它们给教师和教师教育者提供了机遇和挑战。在普通教育领域进行的一些以自我决定理论为基础的研究表明

> 教师支持学生的对自主、能力、相关性的基本心理需求,能够帮助学生自主建立起对学习、学术表现、身心健康的自律性。

(Niemiec & Ryan 2009:133)

这些研究的重大发现包括:(1)课堂上进行支持自主性的活动和任务有益于激发学生的内在动机;(2)激发学生们的内在动机后学习效果更好、创新能力更强;(3)教师既可能允许内在动机不断增强,使更深层次的学习发生,也可能阻碍这些过程的发生,其区别取决于教师能否成功地设计和使用学习任务,满足学生对

能力、自主、相关性的基本心理需求(Niemiec & Ryan 2009)。我们也不能忘记

> 教师达到目标的方式有"为学习活动提供选择和有意义的论据、承认学生对这些话题的感受、最大程度减少压力和控制"。

(同上:p.140)

此外,教育学者建议教师学习"乐于并善于优先考虑学生在学习活动中的观点",并学会自我反思,常常思考这样的问题:

> "如果我是学生(而不是老师),我想让老师做什么?","这个主题对我的学生重要吗?有用吗?如果是,我怎样强调个人关联?"

(Reeve & Halusic 2009:146)

在二语学习和教学问题上,大卫·利特尔(David Little 2009)提出三条原则,可能有助于促进学习者动机和自主性。学习者参与原则要求教师允许学生全程参与规划、监测、评价自己的学习。学习者反馈原则要求教师帮助学生不断反思学习的过程和内容,定期进行自我评估。目标语使用原则要求教师确保使用目标语作为媒介和学习的目标,包括反思在内。这三条原则

> 粗略地描述了教师为了创建和维持自主的语言学习氛围所应该做的事情。

(同上:p.244)

在更高层次上,也就是语言课堂促进有意义的自由自主方面,教师需要使用的策略有(1)鼓励学习者扮演小人种学者的角色,让他们调查了解语言的使用如何受社会和意识形态的影响;(2)帮助他们写日志或笔记,记录下的问题包括他们是谁,他们和世界有着怎样的联系;(3)让他们用批判的眼光思考问题,发展理解能力,敢于挑战教材对语言和文化的常规解读;(4)给他们提供机会探索网络空间的前沿问题、交际互联网化所带来的无限可能,并把他们自己的话题和观点带到课堂上讨论(Kumaravadivelu 2003b:142-43)。总的来说,这些和其他类似的策略将帮助学习者发展总的学术能力、知识能力、社会意识、精神状态,能够在全球化的社会中把握机遇、克服挑战。

毫无疑问,全球化的社会需要新的方法来分析和理解学习者需求、学习者动机、学习者自主性和他们复杂的互动。面对这么多要求,未来和在职的教师面临的挑战可能会让人望而却步。专家分析者在设计语言大纲之前,会先做一些前期工作,分析学习者需求、动机、自主性。然后再由教师基于自身教学实际情况重新评价大纲。如果不进行具体学习者需求、动机、自主性分析,任何由成功的课程、方法、材料累积起来的优势可能很快作废。如果教师让学习者自身也参与到分析探索中去,并把分析结果用作教学项目,那么教师就会大大减少自己在分

析工作上所花费的时间和精力。

现在和未来的教师们面临的挑战对于教师培训者来说负担不轻。显然,全球化的教育环境的重要特征

> 是投资在教师上的特殊能力(作为课堂社会微环境中举足轻重的一员),目的是为了发展学生们的批评性意识,认清楚在社会环境下限制自身自主性和积极性的阻碍、限制和观念。
>
> (Ushioda 2006:159)

正是教师教育者才在这种特殊能力的发展上起关键作用。

我们期待未来的和在职的教师能够创建自主性课堂,关注学习者的自我、能动性、身份意识,那么我们也有理由希望教师教育者察觉实习教师在构建课程大纲和安排课堂活动时的身份、信仰、价值观(详见第四章)。通常,实习教师不会把培训中强调的重点和发生的事情联系起来。莱尼·达姆(Leni Dam 2007:2)不久前讨论了这个问题。关于实习教师收到的关于提高学生自主性的建议,她说:

> 一些青年教师结束教师培训项目,来上我的课,告诉我说他们知道理论上怎么做。不过,他们自己在大学"接受"的教育与这些理论大相径庭。大多数时候,他们的老师都采用传统的教师中心和教师主导方式组织课堂,也就是说,先是教师输入,然后就是提问和课堂讨论。

补救顽固的"教师中心和教师主导方"的方法就是摒弃教师教育的传输模式,也就是不再单纯地把事先挑选决定好的知识体系传输给学生,采取转换角度,也就是把信息导向的教师教育模式转换为探究导向的模式,其最终目标是使教师成为具有自主性的个体(详见第一章1.1.4节)。正如我在其他地方提到过的,教师教育者

> 必须考虑认识教师观点和视角的重要性以及发展教师批判性能力的迫切性,并以审慎的态度通过构建对话意义实现这两个目的。
>
> (Kumaravadivelu 2003a:552)

教师教育者们也可以摆脱"教师中心和教师主导方",只要他们(1)自己意识到,同时也让实习教师意识到,现行的教师培训项目的不平等之处,因为它认为教师培训者产生知识,而一线教师在消费知识;(2)鼓励未来的教师辩证地思考问题,将个人知识和学到的专业知识联系起来,关注两者的互相影响,思考怎样修改笼统的专业知识,适应具体的需求,最终得出自己的个人实际理论;(3)为教师创设情境,学习基础的课堂话语分析知识,帮助他们从自己的课堂实践中总结出教学

原则,从而展示理论的产生过程(Kumaravadivelu 2003a:553;同时参见本书第五章)。

3.5 结束语

　　本模块关注学习者需求、动机、自主性。我讨论了英语二语学习者的需求是如何改变并加入了真正的交际能力的发展,好让学习者能够在全球化的就业市场中获得尽可能多的机会。这种改变本身也是动机因素。我还提到过,传统的强调融入型动机的看法已经不合时宜了,原因有几方面,包括:世界英语的兴起、英语所属关系的改变、持续的文化全球化以及它对个人和国家身份认同的影响、保留保护当地语言和文化身份的努力、信息网络化使更多的人可以获取批判性知识。我指出:考虑到全球化的文化意识正在增强,如果还相信二语学习者会被融入型动机所激发,就太幼稚了。

　　二语研究者在二语动机研究方面一直在寻求"范式转换",他们转向认知心理学、后现代思想、批判性教育学的近期发展。这些领域的发展给研究者提供了概念基础。认知心理学的自我决定理论强调直觉动机,已经指出我们对能力、相关性、自主性的核心心理需求。自我决定理论在描述意志力、自我组织经历、自我决定力之间的紧密联系时,也强调了自主性的重要性。我们知道我们不仅需要重视学业自主性,因为自主性关注帮助学习者学习的必要策略,还要关注解放自主,也就是给予学习者学会解放的策略。

　　最后,我谈到了一些课堂教学的新发展,给教师和教师培训者带来的不仅是机遇,还有挑战。很明显,当今全球化的社会需要新的分析和理解方式,来解读学习者需求、动机、自主性以及他们之间的复杂关系。我们需要多关注学生的同时,也要多关注教师。下章我会着重谈这个问题。

快速读者反应

　　快速写出以下问题的答案。分成小组,和组员分享看法,讨论问题。
　　1. 你从本章中学到的重点是什么?
　　2. 你在本章中还有什么问题没有找到答案?
　　3. 你在本章中发现了什么惊人的想法或概念?
　　4. 你没有完全理解的术语或者概念是什么?

反思任务

任务3.1 全球化和动机

3.1.1 以下是Ushioda & Dörnyei(2009)的一段话。请仔细阅读、分成小组、讨论后面的问题。"简而言之,二语动机在当下的自我和身份观念背景下,正在经历彻底的重新定义、重新理论化的过程(p.1)……我们现在开始问的基本的问题是我们能否使用融入型东西这个概念,因为现在已经没有具体的说话者群体指代了。现在英语已经不再属于某一具体的说英语团体,既不是英美的本族语者,也不是讲世界英语者,那么谈论融入型动机还有意义吗?"(2—3)

3.1.2 你认为,为什么尽管研究结果模棱两可,融入型动机还在很长时间内占据主导地位?

3.1.3 根据你对当下自我和身份概念的理解,以及你的二语动机理论知识,你是否同意(不同意)二语动机需要"彻底的重新定义、重新理论化"?你的理由是什么?

3.1.4 考虑到全球化和全世界人们学习英语的不同目的,我们应该怎样重新审视我们对二语动机的理解?换言之,新的理解应该考虑哪些因素?

3.1.5 如果远离传统的融入型动机概念,二语教学的政策和实践将会有怎样的改变?

任务3.2 地域化和实际教学

3.2.1 思考莱尼·达姆(Leni Dam 2007:2)在谈到实习教师经常得到的关于促进课堂学习者积极性和自主性的建议时所说的一番话:"一些青年教师结束教师培训项目,来上我的课,告诉我说他们知道理论上怎么做。不过,他们自己在大学'接受'的教育和理论大相径庭。大多数时候,他们的老师都采用传统的教师主导方式组织课堂,也就是说,先是教师输入,然后就是提问和课堂讨论。"

3.2.2 你怎样描述你在教师培训项目中"接受"过(或正在"接受")的教育?思考教师控制、学习者自主性、校园文化等问题。

3.2.3 你发现在你的教师培训项目中,真正强调的和计划的有什么联系(或脱节)?

3.2.4 如果你看到了明显的联系,那么承载这种联系的课堂活动是什么?

3.2.5 如果你发现有脱节,那么导致脱节的因素是什么?

3.2.6 根据你的判断,你所参与的教师培训项目在多大程度上和对你的自我、能动性、身份观产生了影响?具体说明。

探索课题

课题 3.2 分析需求、动机、自主性

本课题的目的是帮助你分析和理解学习者需求、动机、自主性。它包括(1)识别客户;(2)收集数据;(3)分析学习者需求、动机、自主性;(4)决定总目标和具体的学习结果。你可能想和同学或同事合作完成。

3.1.1 选一个对象。你的目标对象可以是你周边的任何学校,只要有外语课程,什么水平的外语课都可以。包括能够提供语言课程的你自己的学校、当地大学、学院、语言中心(公立或私立)。

3.1.2 一旦确定了对象,和管理语言项目的人谈谈,争取可以去该学校合作。和他们解释你的项目目标是什么,你可能帮他们设计新的课程或者改善现有课程。

3.1.3 下一步就是收集数据。你可以使用任何(或同时使用)数据收集方式,比如访谈、问卷、调查等。你关注的是学习者需求、动机和他们寻求或得到的自主性。不过,你的目的是了解一定数量的学生、教师、管理人员的观点。

3.1.4 分析数据。如果你需要设计问题或分析数据方面的帮助,可以读读任何最近的关于课程设计方面的书,大多数都有关于需求分析的章节(见 Nation & Macalister, 2010, *Language Curriculum Design*, New York: Routledge)。

3.1.5 根据你的分析,为你合作的学校的学生的某一门课程设计一套教学目标和具体的学习结果。用行为的术语描述学习目标和结果。

3.1.6 最后,为你的项目写下详细的报告,向你的客户提出建议,告诉他们你的研究发现可以怎样应用到新的(或现有的)课程中去。

第四章 识

> 我们所教的就是我们自身……从这个角度上讲,教学反映了人的灵魂。如果我乐意朝镜子中望去,不回避我看到的东西,我就有机会获得自我认知——知道自己对良好的教学、了解我的学生和学科都同样重要。
>
> (Parker J. Palmer 1998:2)

4.0 引言

本模块——识(recognizing)——的基本假设是:我们不能把老师和教学分开来,就像舞者和舞蹈不可分割一样。我们在前两章中已经学习到,教师的专业、个人、程序知识,以及他们对学习者需求、动机、自主性的意识,对他们的课堂教学至关重要。不过,可能有人会说,有效使用这些知识和意识很大程度上依赖于教学自我,也就是教师在日常教学实践中的内在自我。他们认识和更新教学自我的能力和意愿也同样重要。并且,教师教育项目有责任鼓励和教导在职的和未来的老师认真反思如何建构和重新建构教学自我。

认识教学自我就是认识教师的身份、信念、价值观。也就是说,教师在职业生涯中体现出的个人气质非常重要,它决定了教师的教学行为,也影响着学习结果。它有助于教师了解怎样达到理想的教学和学习。它引导着教师,要么成为被动的技术人员,简单地把知识体系从一个地方传播到另外一个地方,要么成为有变革能力的知识分子,在学习者心中培养教育、社会、文化、政治意识。它引导教师在诸多的策略中做出选择,从使用简单的课堂成对活动、小组活动,到复杂的激发学习者潜能的任务。为了了解教学自我,我们应该先了解它的组成部分,特别是教师身份、教师信念、教师价值观。

4.1 教师身份

在更为宽泛的社会学身份概念框架下,如何正确定位教师身份?我们应该兼顾相关的普通教育学和应用语言学领域,关注教师的身份如何影响他们解决面临的身份问题。

4.1.1 身份的概念

身份一直都是人类学、心理学、社会学、哲学、神学和文学的研究对象。不过,学者们对身份的组成成分和组成方式并没有一致看法。正如社会学家安东尼·艾略特(Anthony Elliott 2009:viii)惋惜地说,身份"已经被证明是社会和人文科学领域最让人头疼的话题了"。理解这个棘手话题的方法之一就是通过社会学框架下的现代主义、后现代主义、全球主义来解读它(具体内容详见 Kumaravadivelu 2008,2012以及本书第一章)。

简而言之,在现代社会(大概从17世纪中期到20世纪中期),人们希望个体的身份符合已有的和相对恒定不变的社会规范。个体身份好像尤其和家庭和社会密不可分。每个人都属于世界上某个指定的划分好的地方。不仅如此,他们还应该一直待在这个地方。个体所遇到的是整体的、精炼式的身份观念,这个观念只不过把个体当成集体的一部分。外部世界给个体强加了固有印象,并且已经被社会接受,因此个人在已有的血统和种族特征以外,几乎没有什么选择的余地。如果他们想找到个人的意义,他们也要受限于如此死板的体系。换句话说,"现代"自我与其说是自我建构出来的,倒不如说是外部强加得来的。

和现代主义不同,当下盛行的后现代主义(从20世纪中期开始的时期)的叙事认为身份是被个体不断建构的。它将身份看成是分离的而非整体的,多重的而非单一的,扩张的而非有界的。它对个体决定自我感给予了极大的自主度。

它认为,身份的形成受几个因素影响,包括继承的传统,如种族;外部紧急事件,如历史;意识形态构建,如权力;个人印记,如能动性。

后现代身份的口号是**碎片化**。它是后现代生活的象征。根据社会学家哈维·弗格森(Harvie Ferguson)的观点,碎片

> 并不像木头碎片或者玻璃碎片一样;是从整体的均匀的整体上破坏下的一片。碎片是分离的一部分,有自己的生命,甚至能呈现出自给自足的状态,仿佛是某种和母体**不同**的东西一样。
>
> (2009:154,保留原文的强调)

分散的身份经历一系列的变化——这一过程是持续的、非线性的、不稳定的。它并不会形成持久固定的身份。相反,它也认为身份是动态的、没有固定形式的,会永远不断地创造再创造。正是由于身份形成的动态性、不完全性,弗格森才把它的特征描绘成"碎片的不断创造;碎片的**拼装**"(同上:p.184,保留原文强调)。

和现代主义相比,后现代主义对解决自我概念的矛盾本质更有解释力。不过,我们需要用更为广阔的视野去理解,在这个已经全球化的和正在全球化的世界中,自我身份认同的组成。这个,可能被称为全球主义的观点,受到21世纪全球的、国家的、社会的、个人的快速变化的影响。全球范围内,我们的世界几乎打破了空间、时间的界限,人、商品、思想都可以在全世界范围内自由流动。信息改革,或称为信息网络化,也加速了这个现象。在国家层面上,各个国家的人既看到前所未有的文化增长机会,也看到对本国文化身份的威胁。全球化只是加重了部落化的趋势。同时相反的过程好像也在进行,前者将人们聚集在一起,后者使人们分离。

社会现实呈现了国家内的种族、宗教、语言归属和类同关系诸多因素的共同结果。在多元化的社会里,每一个群体都努力保持和保护自己的身份,结果不仅导致了真正的多元文化主义的出现,还有阿玛蒂亚·森(Amartya Sen 2006)称之为**多重单一文化主义**的出现。在个人的层面,人们经历各种来自世界、国家、社会的压力和牵引力,导致个体不断纠结其自我身份认同。为了在如此复杂的环境中选择和形成自己的身份认同,个体需要批判性的知识。通过使用方便的知识库(通过互联网等渠道),并不断进行批判性自我反思,人们现在已经有机会评价自己和他人的文化价值体系,发展出全球文化意识,而这有可能丰富并最终改变他们的生活(Kumaravadivelu 2008)。

4.1.2 转变教学自我

上文的讨论告诉我们:在全球化的社会中,教师身份认同建立在个人、社会、国家、世界的交叉点上。无论在哪里,教师们都面临如何调整教学自我来适应现

实的问题,同时还要试图超越现实带给他们的束缚。教师身份形成,很大程度上取决于他们如何解读当下的现实,如何协调对立的期许,如何在看似混乱的环境中发现意义。

教师能否实现理想教学自我的一个重要因素是他们发挥能动性、制定运用权力和进行抵抗策略的能力与意愿。大多数教师确实在相对固定的国家统一的教学政策和实践框架下工作。但是,教学自我

> 并不意味着被动顺从,社会会促使其活动,从而永远呈现主动性、能动性。
> (Martin 2007:87)

正是这种能动性,帮助教师认识到,国家统一的教学含有权力和统治的意味,目的是创建和维持社会的不平等。正是能动性才促使他们

> 开发反霸权的教学法,不仅教会学生知识和社会技能,让学生在更大的社会中充当批判性的个体,也教会他们采取变革。
> (Giroux 1998:xxxiii)

因此,他们为自己,也为自己的学生,完善了推动身份的形成和社会的变革的条件(回忆 1.2.3 节讨论过的可能性原则)。

在个体身份认同形成和变革的过程中,教师们不再是孤立的个体。社会学家(如 Jenkins 1996)和社会文化理论家(如 Vygotsky 1986)已经确切地指出,身份和能动性是由社会建立、共有的概念。"只能如此,没有其他",正如詹金斯(Jenkins 1996:3)指出,

> 只要因为身份和意义有关,意义不是词和事物的本质属性。意义总是同意与分歧相互作用的结果,总是和传统和创新有关,某种程度上总是被人所共有的、可以商量的。

因此,教学自我,和其他自我一样,是各种竞争力量不断协商的结果。它是个体不断和周边的同行们进行批判性互动的结果。创建教学自我的共享性不应该引导我们,正如米凯利诺斯·赞比拉斯(Michalinos Zembylas)注意到的,错误的设想,不应该让我们认为

> 存在单一的"教师自我"和基本的"教师身份",正如大众文化对教学的看法所认为的那样。
> (2003:214)

相反,教学自我应该被看成是个体化的。影响教师身份形成的因素有几个,最突出的是教师信念和教师价值观。

4.2 教师信念

本节中,我将简要谈谈信念的心理建构,以及从现在和未来教师的角度讲讲信念如何影响教育倾向和决策。

4.2.1 信念的建构

信念被认为是人们一生所有决策的动力。信念体系是管理人们的思想、言语和行为的一系列连贯的信念和戒律的总和。哲学家和心理学家一直在研究信念体系,不过信念的建构,如同身份概念一样,一直缺乏具体的定义。因为,正如弗兰克·帕哈雷斯(Frank Pajares)指出,信念

> 经常伪装自己,还有其他表现形式——态度、价值观、判断、公理、看法、意识形态、感觉、概念、感官系统、预想、性情、隐性理论、显性理论、个人理论、内在精神过程、行动策略、行为规范、行为原则、视角、理解系统、社会策略,这里我们只列举了文献中能找到的一部分说法。

(1992:309)

我们还从文献中发现,人们一直在努力理解信念的含义。目前人们对信念的理解是,信念是一个人在有意识或无意识状态下,存在于内心深处的,关于事物真值的观点、命题、信念。获取信念的方式有很多,比如个人经历、家庭联系、教育、文化传播以及大众宣传。无论哪种方式,信念都被个人用来当做过滤器,筛选、解读、理解、吸收新的经历和境遇。它们当然是主观的判断,有时可能违反逻辑。它们天生就存在争议,也是短暂的。

理解信念建构的方法之一是把它和知识联系起来,虽然把两者分开也不容易。教育哲学家约翰·杜威(John Dewey 1933:6)在讨论信念和知识之间的关系时提到,信念

> 覆盖所有我们还不很了解,却有足够自信的事物,以及我们现在当做知识,但是将来可能受到质疑的事物。

换句话说,正如贾恩·内斯珀尔(Jan Nespor 1987)后来说,信念可以独立于和知识有关的认知推理,因此,信念没有知识体系那么连贯,却更灵活。它们带有强烈的情感,正因如此,它们在影响人的思想、表达、行动方面扮演了关键作用。因此,一个人想什么、说什么、做什么反映了他的信念。老师也是如此。

4.2.2 信念和教师性格

虽然哲学和心理学家已经研究信念体系很久了,教育家却直到20世纪80

年代才开始认真系统地研究教师信念(Fenstermacher 1979,Nespor 1987),语言教育研究者(Woods 1996,Borg 2001)则直到更晚之后才进行相关研究。从那以后,研究者一直试图了解信念如何影响教师和教学行为。帕哈雷斯(Pajares 1992:324—27)在做了全面综述文献的基础上,提出了一系列关于教师教育信念的基本假设。虽然这个综述是二十几年前完成的,其结果仍然有意义而且重要,其中最重要的发现是:

- 信念形成较早,且基本保持不变,即使在遇到原因、时间、教育、经历所带来的矛盾,也不易改变;
- 一种信念进入信念体系越早,越不易改变;
- 个体会基于不正确的或不全面的知识而坚持信念,即使有人已经向他们展示了科学的正确的解释,他们也不愿改变;
- 当实习教师开始接受师范教育的时候,教学信念就形成了;
- 教师信念对教学行为有强烈的影响,有助于指导教师定义、选择、组织要展示给学生的知识和信息;
- 由于自身的特点和来源,有些教师信念比其他信念更不容置疑。

很明显,以上这些特点和其他一些特点构成了松散的教师信念体系,它极为重要,能极大程度地影响教师在日常教学中的教学决策。

谈到具体的教学决策,在普通教育领域,有学者做过详细的个案分析(Samuelowicz & Bain 2001),该研究关注两位教师以及他们对教学、知识、学生学习、教学联系的信念。A教师对教师中心论(主要是教师传论)深信不疑,B教师则认为教学应该以学习者为中心(教师主要起辅助作用)。研究者对两位教师的具体课堂情境进行了分析,发现A教师在课堂上讲授的都是有结构的信息。教师完全掌控课堂,建构、讲解、举例,几乎不怎么鼓励课堂互动。他直接把精心挑选过的知识传授给学生。他认为"'解释或传授给学生'知识的能力是好老师的重要特征,也是他扮演的主要角色"(p.313)。

另一方面,B教师希望学生成为独立学习者,为了让学生更容易达到这个目标,她鼓励学生自己发现机会。她通过使用互动策略,让学生解析和重组知识、分析和合成知识、转化成自己的知识,从而帮助学生学习知识。她的策略还包括让学生坚持写反思日记。研究者评价说,这两位老师的信念反映了他们"采取某种教学方法的独特视角和性格"(同上:p.322)。他们还进一步得出结论

> 教学中心和学习中心取向的界限非常"明显",可能需要彻底改变概念(如:调节过程)才能跨越。

(同上:p.322)

也就是说他们的信念都根深蒂固。

4.2.3 语言教师信念

不出意料,教师信念和教师行为之间存在紧密联系,这一点同样适用于英语教师。苏·加顿(Sue Garton 2008:67)进行了一项与上文提到的萨缪罗威茨(Samuelowicz)和贝恩(Bain)类似的研究,她关注两位信念不同的英语教师,观察了他们倡导的不同的课堂互动模式,发现

> 两位教学信念完全不同的教师,针对类似的课程大纲,虽然课堂形式相近,却能营造出完全不同的课堂氛围。

夏洛特(Charlotte)是她的一个研究对象,她相信教学个人化、情感化的一面,强调人、关系、接触。她认为自己要做的,就是创建正确的情境,之后学习就是自然而然的事情。另一位老师琳达(Linda),专注自己的专业能力、学科知识和她自己的准备。她强调学习过程和用合理的方法推动课程进行。两位老师的信念迥异,也就导致二人课堂互动形式不同。琳达的课堂有清楚的刺激—反应—反馈模式,所以更加"顺利"。夏洛特的刺激—反应—反馈模式并不是很直接的三部分转换,因为她从学生的角度出发,鼓励交际互动和尝试冒险。加顿注意到两位老师的同事和学生都认为他们的方法非常有效,得出了重要的结论:

> 这意味着,作为教师,我们对教学肯定有不同的想法,在课堂上也会采用不同的方法。既然认识到教师的多样性,就应该摒弃诸如"最佳方法""最优教学"之类的概念,而"最佳教学"其实就是"对个体而言最佳——对每位教师而言的最佳方法"。

(同上:p.83)

认识教师的多样性包含不仅认识到不同的教师有不同的信念,还要认识到教师的信念和行为也会不一致。这一点在英语语法课堂教学上体现得尤为明显。曾经有一项研究请教师谈谈自己关于偶然关注语言形式的看法(这需要教师的主要关注点在意义上而不在语法),同时研究教师们的课堂行为,研究结果表明教师心中所想和课堂所为之间有明显的区别(Besturkmen, Loewen & Ellis 2004)。更新的研究是西蒙·菲普斯和西蒙·柏格(Simon Phipps & Simon Borg 2009:386)通过在超过18个月的时间中观察和访谈三位英文教师,研究他们的语法教学理念和行为的差异。他们的结论是:

> 表面上,这项研究表明,在语法教学上,三位教师的信念并不总是和他们的行为相一致。

不过,考虑到核心信念和次要信念之间的区别,他们这样解释自己的研究发现,所谓的不一致主要存在于次要信念方面,在核心信念方面教师们几乎一致。换句话,核心信念更能影响教师的教学策略,次要信念可能偶尔改变教师行为。

艺诗·李(Icy Lee 2009:15—18)研究英语教师对学生英文写作的反馈,在教师所描述的信念和真实的行为方面,得出更清晰的结论。他发现行为和信念之间的一些偏差,其中一些是:

- 尽管教师认为有很多因素比语法正确性更重要,但是很多教师最关注的还是语法形式;
- 尽管教师主张选择性标记,还是会把所有的错误都标记出来;
- 教师使用修改符号,不过他们知道学生有时不太能看懂;
- 虽然教师知道分数会让学生不太关注教师反馈,但还是会给学生的作文打分;
- 虽然他们知道反馈应该既包括优点也包括缺点,但是给反馈的时候主要还是指出学生的缺点;
- 教师认为学生应该更加主动学习,可是教师的反馈让学生没有什么自由掌控学习的空间;
- 教师知道多稿写作很有益处,但是却只让学生写一稿就完事;
- 教师们持续以自己的方式改作文,却也知道未必有用。

李认为他也不确定这些不一致的地方到底只是教师的借口还是正当的理由。

虽然有大量证据表明,教师信念对教师行为有巨大影响,但是人们已经认识到,教师个人的信念体系并不需要保持内在一致性,而且追求一致性也纯属徒劳(Pajares 1992)。这并不妨碍研究者从个人和制度约束的角度解释他们发现的信念和行为之间的差异(Farrell & Lim 2005,Phipps & Borg 2009)。在寻求解释时,研究者首先猜到,有些问题可能是研究设计本身造成的。也就是说,不同的诱导方法会导致不同的回应。他们进一步观察到,有些教师在被访谈之前,对自己的教学信念并没有明确的认识(Farrell & Lim 2005:10)。尽管如此,研究者还是找到了几类原因:(1)环境因素,比如规定的教学大纲、时间限制、高风险考试;(2)教师的主要信念体系和次级信念体系(即核心信念和次要信念)之间的拉力和压力;(3)对自己接受教育时的传统教学方法的敬畏和情感。

以上的讨论说明信念体系有可能影响教师的日常教学活动,即使他们知道这并不是最佳方案。这种可能向我们提出了道德伦理方面的问题,因为信念"可能也是价值观,具有评价、比较、判断功能……",也就一定会影响教师行为(Pajares 1992:314)。因此教师信念和教师价值观联系紧密。

4.3 教师价值观

很久以前,人们就对价值观十分感兴趣,特别是哲学家和预言家。近代的西方世界,美国哲学家约翰·杜威和加拿大的哲学家查尔斯·泰勒(Charles Taylor)探讨了人类价值观这个难题,还联系到了教育领域。

杜威(Dewey 1922)认为,教育,任何教育,都必须以价值观为基础。教育中的价值观既是手段,也是目的。也就是说,教育必须以建立符合道德标准的社会秩序为目的,而且教育必须保持高尚的道德。他认为道德本质上是个人和所处社会环境的互动过程。然而,他好像给个人背上了保持高尚道德的重负。关于他在世时他的祖国流行的他称之为可悲的道德标准,他谈道(p.313):

> 如果道德标准低,那是因为人从社会环境中接受的教育有缺陷。

改善这种情况的方法之一就是个人把已有的道德标准作为批判性分析的工具,从而做出合理的价值判断。如果方法得当,那么人们经过批判性思考,做出价值判断,会产生新的行动方案,再反思检验是不是克服了道德缺陷。如果没有,或者新的环境改变使得新的行动有不足之处,那么就需要重新思考、检验、改动原有的评价。通过提出这样的建议,杜威事实上希望人们成为主动的、生产性的道德个体。

泰勒(Taylor 1994:3)同意杜威强调个人道德的看法,并加以扩展,他说:

> 价值观教育呈现出多种形式,鼓励人们反思决策、发现机会、承担责任,鼓励社会中的个人发展价值偏好和取向,从而指引自己的态度和行为。

不过,和杜威不同,泰勒的理论更加详细,他研究个人和社会之间的关系如何影响个人和社会的价值体系。他比杜威更明确地承认,价值观根植于早先的社会环境中,语言和文化对人的价值观有重要影响。社会环境提供给我们的是"对我们来说本质的无法逃脱的东西,就像身份认同感一样,取决于对美德的重视"(Taylor 1994:206),这就是共同利益。

对泰勒价值观思想的深刻解读会得出如下结论(Reckling 2001):(1)价值观是人生的本质,因为人生基本上都在朝着共同利益努力;(2)道德判断渗入人类的语言,体现在常用的词汇,比如**好**和**坏**,**对**和**错**,等等;(3)人们对世界和生活的看法和行为反映其价值观;(4)价值观和对价值观的论述是相关联的、承载着文化的;(5)有些基础的价值观是普遍存在的。

泰勒很清楚,虽然价值观承载文化,具有普适性,但并不妨碍个人保持并在必要的时候修改价值观,因为失去了参与者和评价者,价值观就不会存在。和杜威类似,他也提倡个人的批判性思考,但是他区分了**参与性**反思和**非参与性**反思。前者包括仔细审视价值观,需要人掌握评价技能,具有开阔的视野,从而做出恰当的价值判断。后者则意味着退后一步,暂时和手头的事情保持一定距离,冷静的和其他类似的事情对比,然后再做出道德判断。无论哪种方式,人们都在锻炼道德判断能力,从而澄清、修改、加强自己对道德的思考和信念。

　　虽然他们在研究个人和社会关系问题的方法上有细微的不同,但是杜威和泰勒都认为教师负有极大的责任,大多数教师都承担着繁重的社会和制度压力。他们都严格遵守"道德的教学"和"教学的道德"的区别,这种区分方法由杜威首创,其中前者指给学生的道德教导,后者指教师应该在课堂上做的事情。他们都认为后者更重要。他们启发了几位教育家展开对教学道德的思考,帮助我们更好地理解这个问题。

4.3.1 教学的道德

　　在富有启发性的《探索教学的道德心》一书中,大卫·汉森(David Hansen 2001)说教学是,而且一直是,一项道德活动。他将我们的注意引向了把教学当成道德和智力活动的长久和丰富的传统,他强调教师需要学习教学价值观的传统,并让这种传统激活自己的意识。汉森认为"动态的人的要素"组成了这项道德和智力活动,因此,好的教学

> 应该丰富学生对自己、他人、世界的理解,而不是使学生的理解更为贫乏。这意味着扩展,而不是缩小,学生的知识、视野和兴趣。意味着使学生的思考和感觉方式更加深刻,而不是更肤浅。还包括作为教师要同时关注知识和道德。
>
> (同上:p.ix)

教师是道德的个体。它掩藏在普通的场景之下。几乎教师做的每一件事,都有可能承载着道德的含义,因为"我们称之为学校的地方是道德互动和偶尔的道德竞争的场所"(Nash 2005:4)。教师的道德观体现在很多方面:教科书的选择、教学内容的重新组织和展现、教学策略的使用、课堂互动模式的选择、课堂活动的组织、教学风格、学生关系的培养、对学生和同行引发的冲突的处理,等等。

　　教师在实现自己的诸多角色和责任时,常常面临照顾学生和遵守必要规则之间的两难选择。例如,有报道称,在加利福尼亚某些学校中,教师故意违反了州政府的官方政策,在课堂上偷偷使用双语教学,因为他们认为学生们大多是近期移民,英语水平有限,需要双语教师帮助他们取得学业上的成功(Varghese 2001,引自 Johnston 2003)。这个事例中,教师故意做出道德判断,更加相信自己的判断和意识,而不相信体制强加给他们的规则。这类事例向我们展示了教

育学家称之为教师伦理中的关爱和公正的冲突。

弗吉尼亚·赫尔德(Virginia Held 2006:15)已经简要提出了关爱和公正之间的隐性冲突:

> 公正伦理聚焦的问题有公平、平等、个人权利、抽象的原理、原理的使用。关爱伦理聚焦注意力、信任、对需求的反应、叙述细微差别、培养关爱关系。

教师们在努力解决关爱伦理和规章伦理之间的矛盾时,可能需要找到制度和个人兴趣之间的冲突的平衡点。为了寻求平衡,他们可能"适当地组织和分配爱心。相反,他们必须仔细地确保公平性"(Colnerud 2006:369)。

"关怀总是在缺乏公平的地方出现"——是女性主义教育家内尔·诺丁斯(Nel Noddings 1999:16)的观点。她将这个观点扩展为关爱理论,这个理论"可能给我们提供在全球化时代研究伦理和道德教育的有力方法"(Noddings 2010:390)。关怀伦理的一个重要方面就是,它既不是集体的,也不是个人的,而是关联的。集体伦理源自公有伦理,可能让我们认不清个人问题,特别是局外人的问题。个人伦理可能带着传教士般的热情考虑权利和自由,产生自高自大的情绪,把自己的价值观凌驾于他人之上。关联伦理,则让我们摒弃偏见,学会倾听他人的看法。就关怀关联问题,诺丁斯(同上:p.390)告诉我们,

> 首先,关怀者要专心注意被关怀者,而且这种注意是能被对方接受的;也就是说,关怀者放下自己的价值观和计划,努力理解被关怀者所表达的需求。

在这种存在共鸣的氛围中,对被关怀者的同情产生了"乐于倾听和被感动"的情绪(同上:p.392)。显然,关怀理论揭示了"动态的人的因素",而这一点恰恰被公正和规则所掌控的生硬的教育体系所忽略。

面对不同语言文化背景的学生,教师最需要的就是关怀法。英语教师尤其如此,因为他们教授的是一门全球性和殖民性的语言,经常面临无数的问题和冲突。比尔·约翰斯顿(Bill Johnston 2003)正确地指出英语教学的所有方面"都和价值观、道德意义有关",在他的《英语语言教学的价值观》一书中,给出了几个有趣的例子和有用的观点。他谈到自己的经历,他曾经发现一位韩国同学有抄袭行为,可自己却一时下不了决心。根据大学规定,他应该惩罚作弊的学生,可是根据他自己的价值观,一个外国学生急需别人帮助自己学习美国学术规范,他选择了帮助这名学生。他还把这件事告诉了自己的朋友皮特(Peter)。皮特在约旦教巴勒斯坦和约旦学生英语。在经历了很多苦恼之后,皮特决定改变自己原来的想法,不让一个巴勒斯坦学生挂科,因为这名学生来自约旦河西岸,如果让他挂科,他就不得不回到以色列,面临毁灭性的后果,也没有什么职业机会。在这些和其他个案中,约翰斯顿说服我们明白"在教师决策的过程中,有时候理

性并不管用"(p.8)。

更广泛地说,英语教师总能意识到英语语言教学中的政治经济学,它如何直接或间接地影响我们的职业行为,造成道德难题。具体地说,教师已经注意到

- "在全球化英语产业中,有主要的商业利益"(Phillipson 2003:16);
- 在全球范围内的英语测试相关的行为(如:托福考试——检定英语外语能力考试)是"不民主的不道德的"(Shohamy 1998:340);
- 假借促进发展项目的名义,英语教学正在被(误)用于传教(Edge 2003);
- 全球化、帝国、英语教育之间存在危险的联系,结果就是,英语教师"在知情或不知情的情况下,扮演了服务跨国公司和帝国权力的角色"(Kumaravadivelu 2006a:1);
- 英语教师"在自己的边界内合作"如果他们继续只把自己当做语言教师,不真正关注影响他们日常教学的社会和政治问题(Gee 1994:190)。

以上的观点号召语言教师系统地分析、理解、刺激自己的知识和道德机制;简而言之,就是审视教学自我。

4.4 审视教学自我

正如本章开篇讲过的,在教学中达到预想的目标取决于教师教学自我的类别,而理解教学自我包括理解自己的身份、信念、价值观。现在和未来的教师可以系统地审视、带着批判性解读自己的教学自我,并把批判性自传式民族志当成分析工具来使用。

自传式民族志受人类学传统的启发,由文化研究理论家玛丽·路易丝·普拉特(Mary Louise Pratt)等普及,他们起初研究殖民和后殖民背景下自我和他人的复杂性。自传式民族志主要是让个体以内省的方式进行自我描述。他们对发现与个人职业领域的经历相关的内在自我感兴趣。通过扮演参与性观察者的角色,他们努力探索内在自我,了解自己的身份、信念、价值观、态度、思想、感受、偏见等。因此,自传式民族志是人对自我的主观分析和评价,但是这种分析和评价是系统的、持续的,同样,它更多关注可以理解的思想和无法辩驳的事实。其主要目标是自我实现,也伴有自我重建和自我复兴的可能。

这里我们要提一下自传式民族志的"批判性"维度。它事实上受保罗·弗莱雷(Paulo Freire)的批判性教学法的逻辑影响。它迫使教师不再单纯地把学校当成教学的场所,而是当成"文化竞技场,在这里,各种各样的思想、散乱的、社会的形式互相碰撞,不断竞争"(McLaren 1995:30)。依据弗莱雷的观点,教师反思回顾自己的生活经历,想办法挑战阻碍自己和学生自我实现的社会和历史

因素。他们发展社会政治意识,学会坚定地依照自己的意识行事,把自己的角色扩展到课堂之外。他们把批判性的自传式民族志研究不单单看成扩展课堂学习机会的手段,也是转变自我身份、信念、价值观的机制。

教师通过自我观察、自我分析、自我反思,就能完成批判性民族志研究的过程。他们尽可能地从各种渠道收集关于自己的身份、信念、价值观的数据,包括记录个人和学生同事的对话、正式访谈和自己个人以职业生活相关的人、自己产生诸如反思日记之类的研究材料,等等。他们描述、说明、解释数据,一遍遍地回顾数据,等有了新的经历,再给原来的数据加上新层次的解释。教师通过这种自我观察反思的过程,建立自我形象,了解自我个性和职业。他们逐渐描绘出个人的、职业的、教学的、政治的自我形象。这幅自画像以故事的形式呈现。

讲故事是常见的人类活动。我们靠故事活着,也就是说,"我们梦到的是故事,白天想的是故事,记住的、参与的、希望的、期待的、计划的、修改的、批评的、谈论的、学习的、讨厌的、热爱的,都是故事"(Hardy 1968:5,引自 Pavlenko 2007)。普通教育学家(如 Connelly & Clandinin 1990)和英语语言学家(如 Johnson & Golembek 2002)已经提倡使用叙述询问法帮助教师理解和表达自己的身份、信念和价值观。基于他们自己的经历,柯兰迪宁和康奈利(Clandinin & Connelly 2000:18)报告说

> 叙述是表现和理解经历的最佳方法。经历就是我们研究的东西,我们用叙述法研究经验,因为叙述思考是经历的关键形式,也是书写和思考的关键方法。

约翰逊(Johnson)和格兰波克(Golembek)研究英语外语教学,重申了同样的观点,并指出

> 探究经历使教师有了长远的眼光。它让教师不断控制自己的思想和行为;给自己的经验赋予更丰富更深刻的意义;使他们对自己的工作有很多思考。
>
> (2002:6—7)

批判性自传式民族志叙事研究法可以有效地提高教师的教学自我意识,同样帮助他们重塑自我身份、信念、价值观,这几乎是不争的事实。但有人质疑教师是否具有表达自己内心想法的能力。例如,格雷厄姆·克鲁克斯(Graham Crookes 2009:16)使用"教学哲学"一词来指代教师的叙述,他说:

> 大多数和我合作过的教师都评价说,他们觉得发展和(或)表达自己的教育哲学非常困难,哪怕他们有教学经验,或者还是一线教师。

他继续指出,尽管有些教师可能已经将教学哲学内化了,但是他们仍然找不到合

适的方式来表述自己的想法。鲁米·伊利耶娃(Roumi Ilieva 2010)提出另外一个问题。教师关于教学自我的叙述很可能不过是"权威语篇的口技表演"(p.355)。也就是说,教师可能是在下意识地重复专家的言论,教师从教师培训项目的课程中早就读到了专家的观点。

我觉得这种担心不无道理,我认为如果大多数在职和未来的教师不能用故事体来思考,不能清楚地表达自己的观点,那么这很大程度上是因为现今的教师教育项目很少为教师提供进行批判性自传式人物志所需的知识、技能、性情。我们所需要的就是让教师熟悉批判性自传式人物志所需的基本要素,让他们学会把权威语篇当成跳板,发展自己的批评性思考能力。换言之,

> 只有通过在英语外语课堂建立随机的知识和权力联系,系统地请学生表达自己的观点,我们才能希望为学生创造机会,以主动的、对话的方式使用项目中学到的观点。
>
> (Ilieva 2010:362)

教师教育者可以通过几种方式来为自己的实习教师开辟可能性。我在本书和早年的研究(Kumaravadivelu 2003b)中展示的一些反思任务和探索课题就给出了例子。我认为这几种方式是有效的:(1)展示有教学经验的教师的个案,突出人们他们所经历过的内心挣扎,以及他们克服困难所采取的策略;(2)设计困难任务,帮助实习教师质疑自己长期珍视的,没有经过仔细考虑的信念和假设;(3)提供给他们真正的或者建设性的批判性的事件,告诉他们课堂里允许什么不允许什么,让他们做出课堂场景所需的价值判断,或者给判断说出理由;(4)要求他们坚持写日记,详细记录他们对课堂讨论和阅读的反馈;(5)鼓励他们使用流行的社会媒介,和同事交换不断变化的身份、信念、价值观,一边和他们进行有意义的和批判性的对话。

为了接触缺乏自信或者觉得有困难的教师,加里·巴克胡曾和露丝玛丽·韦特尔(Gary Barkhuizen & Rosemary Wette 2008)建议使用他们称之为叙事框架的方法。这种方法给实习教师提供开放式的、结构松散的叙事大纲,让他们想象特定的事件或者经历,然后叙述一段连贯的故事。这里给出一个叙事框架的例子(p.385):

> 我记得在课堂上,有一次我很难……
> 出现这个问题主要原因是……
> 我的解决方法是……
> 会有帮助的方法是……
> 关于这个问题,我想做的研究是……

> 研究的目的是……
>
> 不过，主要的限制可能是……

这种叙事框架被认为

> 可以通过给教师设定好的叙事框架帮助教师进行叙述式写作，并且通过他们所写的内容鼓励教师深入思考

（同上：p.381）。

把使用叙事框架作为第一步，可以避免新教师开始的时候不敢开口，但是框架不应该限制他们的表达和思考。人们还应该注意，不要让临时的框架成为永久的束缚。

4.5 结束语

本章，我关注了现在语言教师教育直到最近才关注的重要问题：身份、信念、价值观。我强调的是语言教师和语言教师教育者都需要认识到，恰恰是这些模糊的人类属性决定了教师日常教学的有效性。我指出，教师只有完全了解自己的身份、信念、价值观，才能理解教学自我的含义。为了从更广泛的哲学、心理学、社会学视角讨论这些属性，我简要给出了身份和认同形成、信念和信念体系、价值观和价值观判断的概念。然后，我从普通教育学和英语教育领域得到启发，把这些概念和具体的教学规则联系起来。

实习教师、在职教师和教师教育者面临的问题越来越复杂，因为全球化的社会带来了语言和文化方面的压力和需求。教师不仅需要学会认识并更新自己的身份、信念、价值观，并且需要努力影响学生。他们要学习使用自传式民族志的询问工具质疑教学自我，并且从个人、职业、教学、政治的角度了解自我。负责人的教师培训项目加上反应迅速的教师教育者就可以让这一切发生。

快速读者反应

快速写出以下问题的答案。分成小组，和组员分享看法，讨论问题。
1. 你从本章中学到的重点是什么？
2. 你在本章中还有什么问题没有找到答案？
3. 你在本章中发现了什么惊人的想法或概念？
4. 你没有完全理解的术语或者概念是什么？

反思任务

任务 4.1 转化和超越

4.1.1 思考本章中这段话:"……在全球化的社会中,教师身份认同建立在个人、社会、国家、世界的现实的交叉点上。无论在哪里,教师们都面临如何调整教学自我来适应现实的问题,同时还要试图超越现实带给他们的束缚。"从你作为实习教师或一线教师的角度,回答一下问题。

4.1.2 从四个当代现实中选择一个,想想它是如何影响你作为实习教师(或教师)的个人身份认同的。

4.1.3 具体地讲,你认为为了让教学自我适应你所选择的事实,你应该做些什么?

4.1.4 你所选择的事实会以何种方式对你产生人为的束缚和限制,阻碍你实现教学自我?

4.1.5 发挥自己的能动性,超越这些束缚和限制的方法是什么?

任务 4.2 价值观和知识

4.2.1 我们在本章学到,价值观可以独立于和知识有关的认知推理,教师会在即使自己意识不到的情况下遵循着某些信念。请思考这个说法。

4.2.2 你能举出自己的一个具体例子(作为实习教师或者在职教师),说明自己并不是出于理性的思考,而是由于感性的认识,而坚定地遵守着某个信念吗?

4.2.3 想想信念和课堂行为怎样影响你和同事(学)、老师之间的关系?

4.2.4 和自己做一次批判性的对话,努力向你自己解释为什么你的信念的感性一面胜过了理性一面。

4.2.5 和同伴解释你的信念和行为,努力给出理由。看看这个同伴是同意还是不同意你的理由。

任务 4.3 叙事和损害

4.3.1 考虑:讲故事是人类司空见惯的事儿。我们靠故事活着,也就是说,"我们梦到的是故事,白天想的是故事,记住的、参与的、希望的、期待的、计划的、修改的、批评的、谈论的、学习的、讨厌的、热爱的,都是故事"(Hardy 1968:5,引自 Pavlenko 2007)。

4.3.2 如果叙述个人故事是司空见惯的事儿,那么你认为为什么很多实习教师和在职教师很难讲述他们的教学自我的故事?

4.3.3 我们发现即使是有经验的教师,虽然他们已经把自己的教学哲学内化了,但是他们也不一定能说清楚自己的想法。你觉得原因何在?

4.3.4 你是否同意,当实习教师被迫做批判性自传式民族志的时候,他们会不加批判地重复他们自己学习过的专家学者的理论和观点?为什么?他们可以这么做吗?

4.3.5 你认为,为了帮助教师变得自信而且具备叙述教学自我的能力,教师培训项目应该介绍引入哪些具体的教学策略?

探索课题

4.1 教师信念

本章中,我们学习到,教师信念对教师行为有巨大的影响。本课题可以旨在帮助你了解你的一位老师(如果你是实习教师)或同事(如果你是在职教师)的信念,研究他(她)教学的一个方面,也就是课堂互动风格。(请随便选择任何课堂教学风格的方面,比如教学策略、课程目的、学生关系、冲突解决,等等。如果选好了,就在整个研究中都保持这个方面。)

4.1.1 思考并简要描述你认为自己(应该)遵循怎样的课堂互动风格(无论是实习教师还是一线教师)。也想想这些信念的来源和演变。

4.1.2 选择一位愿意配合研究的教师或同事。根据你对他(她)的熟悉程度和自己的观察,写出他(她)的教学风格简况。

4.1.3 采访你选择的对象,探究他(她)对个人教学风格和其背后的基本信念的看法。

4.1.4 找出他(她)相信的是教师中心论(教师主要传递知识)还是学生中心论(教师主要起辅助作用);他(她)在课堂上遵循的是 IRF(刺激—反应—反馈)顺序,还是开放式、讨论式互动。你是否看到了他们的取向和信念之间的联系?如果有联系,那么是怎样的联系呢?

4.1.5 找出他(她)的信念的可能来源(即:教师培训项目、专业文献、教学经验,等等)。

4.1.6 找出他(她)所说的信念是固定的还是不断改变着?如果有变化,原因是什么。

4.1.7 询问他(她)是否将信念的课堂互动模式应用到实际中去,并为已经意识到的差异找到原因(即:制度、课程、或其他约束)。

4.1.8 比较这个人的资料和你的非正式研究的结果。两者相同点和不同点是什么,你怎样解释?

4.1.9 反思并简要写下来你从这个项目中学到什么,这对你审视自己的信念有什么帮助。

4.2 学习者身份认同

本章在某种程度上关注教师身份认同。本章没有解释教师如何"解读"和反馈他们在课堂上常常遇到的学习者身份认同。

人们对亚洲英语学习者的课堂身份认同的固有印象是:他们非常沉默寡言,不积极参与课堂讨论(详见 Kumaravadivelu 2008 第 4 章文化固有印象和其风险)。越南学者勒哈潘(Le Ha Phan 2007)做了一项调查,他的研究对象是一组有教学经验的越南籍英语教师,他们在澳大利亚的大学中攻读英语教育硕士学位,他研究的是这些教师在澳大利亚的大学中接触到的课堂互动模式对他们的课堂身份认同的形成和获取的影响。

勒哈潘的民族志研究揭示出,和澳大利亚的白人学生相比,他的越南研究对象在课堂上大多都很沉默。他的研究报告(26—28)中收入了一个叫 Trang 的研究对象,他分享了自己的看法:(1)澳大利亚的学生提问题是为了吸引老师的注意,即使很多问题都是"废话,滑稽可笑的",他们主要就是为了取悦喜欢学生发言的老师;(2)无论是在越南还是在澳大利亚的越南学生,都觉得应该只问"有分量的问题",不应该没理由地"挑战老师或检验老师的能力"。

勒哈潘发现澳大利亚的师生和越南的学生都关注他们注意到的身份认同差异。他进一步指出"他们通过定义别人来认识自己"(同上:p.27)。他建议在课程前、中、后都进行倾向导向活动,让参与者"探讨他们对身份认同的看法"(同上:p.33)。

现在,用这条背景信息完成以下任务。

4.2.1 反思你对课堂参与的看法。你上学的时候会积极参与课堂讨论吗?你现在当了实习教师或教师之后,要求你自己、你的同学、你的学生课上积极发言吗?

4.2.2 简单写下你看了勒哈潘对越南教师的研究之后有何感想。你觉得 Trang 对澳大利亚和越南学生以及他们的课堂互动的看法怎么样?

4.2.3 和母语是英语的同学(或同伴)讲讲勒哈潘的研究报告。单独问问他们对 Trang 对澳大利亚和越南学生的看法有什么反应。

4.2.4 和母语非英语的同学(或同伴)讲讲勒哈潘的研究报告,最好讲给亚洲人听。单独问问他们对 Trang 对澳大利亚和越南学生的看法有什么反应。

4.2.5 安排参与者进行小组讨论。看看在小组中,你们能不能找到办法,承认和尊重参与者(既有老师又有同学)带到课堂上来的文化身份期望。

4.2.6 如果有人评价说,在自己国家遵守特定的课堂互动行为模式是一回事,不去了解其他国家的教育体制的文化期望是另外一回事,你和你的组员怎样回应?也就是说,问题的关键在于越南学生的教育兴趣,在像澳大利亚之类的国家学习的时候,他们是不是喜欢参与课堂互动。

4.2.7 在组内再和其他人分享你关于教师身份和期待对你(和教师教育者)"解读"和回应学习者身份和期待的影响。

4.2.8 简要写出你从这个项目中学到了什么。

4.3 关怀公正

这个项目旨在发现你和你的同伴对道德难题的反应,帮助在教师使用手中的权威时,学会平衡关怀和公正的关系。

4.3.1 回忆加州教师反抗本州双语教育法律的案例、约翰斯顿挑战他的大学关于抄袭的规定的经过、皮特修改自己的决定,不让一个巴勒斯坦的学生挂科。

4.3.2 想想如果你是这些事件中的决策者,你会怎么做。写一个简短的三段论,描述事件、解释你的决定、给出理由。

4.3.3 选择一个同学或同事,和他(她)谈谈你的看法。让你的同伴简要写出如何评价你的决定,他(她)可以赞同你,也可以反对你。

4.3.4 选择一个你们学校里负责执行规章制度的管理人员,和他(她)分享你的看法。征求这个人的批判性意见。

4.3.5 和你的同伴以及管理人员谈一谈。如果你们观点有分歧,谈谈分歧背后的原因,看看你能不能说服他们(或者被他们说服)。如果看法一致,谈谈你在平衡关怀和公正的过程中内心可能经历的道德难题和内心的挣扎。

第五章 行

> 我认为并不需要有一个"行为背后的做事者",而"做事者"在实施行为的过程中不断建立起来。
>
> (Judith Butler 1990:142)

5.0 引言

如果说上一章更多地关注了行为者而非行为,那么本章则要更多地关注行为者。如果人本身不采取行动,那么对专业知识、个人知识、程序知识的认知,对学习者需求、动机、自主性的分析,对教师身份、信仰、价值观的认识,都几乎是零。教师的行动包含三部分:促进学习结果的教学、源自个人行为理论的理论化、与他人和自我的批判性对话。随着本章的展开,你将会看到这三部分和第一章讨论过的特殊性原则、实用性原则、可能性原则有紧密的联系。你也会看到,任何教师培训项目的首要目的之一必然是为教师成功的教学、建立理论、展开对话而做准备。

5.1 教学

不同的人对教学有不同的定义。有人认为教学不过是创建渠道,将知识从教育连续统的一极(比如专家)搬运到另一极(比如学生),教师在其中只起到类似导管的作用。也有人相信教学是基于反思过程的智力活动,其中反思过程包括创新性、艺术性和对环境的敏感。还有人相信教师应该朝着更加高尚的目标努力,不仅要争取学习者的教育发展,也要追求学生和教师的个人转变。根据这些观点,教师的角色被描述为被动的技术人员、反思性从业者或转化型知识分子。我不会探究这些教师角色的细节问题(参见 Kumaravadivelu 2003b 以及本书第一章),我将关注课堂教学包含的双重主题:(1)学习机会最大化,(2)指导个人转变。

5.1.1 学习机会最大化

毫无疑问,教育的核心目标是帮助学生最大程度地开发学习潜能。因此教学行为的目的必须是创造条件,让学习在尽可能短的时间内、尽可能地高效进行。可是,教学的有效性在很大程度上依赖于学生的配合度,也就是是否乐意利用教师创设的条件。正因为学习和教学的这种协作性,迪克·奥莱特(Dick Allwright 1986:6)把教学定义为"创建学习机会的互动过程"。这个定义没有使用知识供给者一词,也就是说,教师和学生都在创建和使用学习机会,共同参与到有效的学习管理中来。

如果说管理课堂学习需要教师和学生的共同努力,那么,

> 我们可能需要抛弃我们长期坚持的想法,不再认为教学的成功源自教师周密的课程计划、编写详尽的教材、有前瞻性的教学大纲。

(Kumaravadivelu 2003b:45)

相反,我们应该更多关注课堂上学习机会的创建和使用,而学习机会不应该受教辅设备的局限和束缚,比如事先定好的教学大纲、教材、课程计划。正是基于这种观点,奥莱特(Allwright 2005:16)提醒我们不要过分依赖事先定好的**教学点**,因为它们不仅忽视了学生,而且歪曲了"教学和学习的关系,暗示重要的是要'教'的内容,而不是要'学'的内容"。他接着说,虽然没必要完全抛弃教学点,我们也应该从丰富学习机会的角度考虑。换言之,仅仅创建学习机会是远远不够的,还应该创建高质量的学习机会。

大卫·克拉布(David Crabbe 2003)认为,创建语言学习机会最难的就是确保质量。他说,尽管困难重重,也应该接受挑战,原因有二:其一,"方法概念的弱

化"(p. 15)。目前的后方法环境(参见 1.1.5 节)鼓励我们远离传统的和"**方法和标准化操作流程**"相关的质量框架(同上:p.15,保留原文强调),给予教师根据自己情况反思教学和确保教学质量的自治权。其二,教育全球化(参见 1.1 节)"导致了标杆和评估的出现,从而迎合国际认可的质量标准,无论是出于责任还是商业目的"(同上:p.16)。他推荐语言教学的机会框架,鼓励"教师和学生只依据基本的原则行事,而不是固有的管理",因为

> 善于思考的教师和学生首先是问题解决者,他们遵循启发式的方法,寻找合适的学习机会,达到预想的学习目标。
>
> (同上:p.31)

有一种框架确实提供了"基本的原则,而不是固有的管理",它就是在后方法教学法范围内的宏观策略框架(Kumaravadivelu 2003b)。它包含十个基本原则,这些原则源自和语言学习教学相关的历史、理论、实证和经验观点。它要求教师

- 尽可能多地创建学习机会,平衡教学行为管理者和学习行为协调者两个角色;
- 尽量避免感知不匹配,从而使他们可以发现教师意图和学习者理解之间可能存在的不匹配;
- 促进沟通互动的发生,以便他们可以允许并鼓励学生发起话题进行交流,而不是单纯的应答;
- 提高学习者自治性,以便他们给学习者自我指导和自我监督的学习策略;
- 培养语言意识,让学习者关注二语的形式和功能属性,增加促进二语学习所需的明示度;
- 刺激直觉启发法,帮助学习者推断和内化语法使用和交际的规律;
- 实现语言输入环境化,突出语言使用的语言的、语言外的、环境的、环境外的语境;
- 整合语言技能,以便他们可以向学习者展示听说读写是以整体的形式起作用的;
- 确保社会相关性,他们关注语言学习和教学发生的社会、政治、经济、教育环境;
- 培养文化意识,让学生参与到一系列重视能力/知识的课堂活动中来。

教师们把这些宏观策略当做指导原则,就可以设计出基于语境的、有效的课堂互动活动(详例见 Kumaravadivelu 2003b)。

课堂中创建的学习机会的质量和教师的自身定位密不可分,和教师把自己

定位成被动的技术人员、反思性从业者、或转化型知识分子都有关系。其中转化型知识分子的角色定位尤为重要，这一角色使教师不仅把教学当成课堂学习机会最大化的途径，而且当成个人转化的方式。

5.1.2 指导个人转化

上文提到过，教师作为转化型知识分子的观点源自巴西教育哲学家保罗·弗莱雷(Paulo Freire)。在他所有的著作中(1972等)，他孜孜不倦地倡导通过民主的教育过程实现社会政治解放和个人授权。对于他来说，教育就意味着自由。正因如此，他反对传统的单纯传授知识内容的教师中心教学论，认为这种方式把学习者当成了

> 教师倾倒知识的容器。教师倒得越满，就越是好教师。学生越顺从，听凭老师倒知识，就越是好学生。
>
> (1972:45)

为了反对填充式的教育制度，他提倡**觉悟启蒙运动**，也就是个体发展高级的批判意识，从而使他们不仅对影响自身的社会、正式、历史因素十分敏感，而且了解自身的必要需求，并努力争取个人和社会的利益。"觉悟启蒙运动，"弗莱雷(Freire 1989:46)解释道：

> 不是真正意义上的承诺的开始。觉悟启蒙运动不仅仅是承诺的产物。我并不是为了争取权益而早已具备了自我意识，而是通过争取权益使我变得意识清醒。

批判性参与显然是通往真正的个人转变的必经之路。

弗莱雷提倡通过教育实现个人转化的做法得到了普通教育学家的共鸣。教育学家在二十几年的时间里，把他的想法逐渐发展为批判性教学法，更广义来讲，批判性教学法试图帮助教师培养学生的逻辑领悟力，加强学生的社会经济移动性和社会政治存在感。在更实际的层面，批判性教学法设计适当的课程和课堂活动，促进宏观因素，诸如语言、文化、政治、社会动力，和教师学生带入课堂的微观生活经历之间的教学互动。通过问题形成活动，他们帮助学生发现习焉不察的问题，让学生从批判性的视角发现问题、分析问题。通过这些做法，他们试图"赋予学生在社会中作为批判性个体所需的知识和社会技能，也教会学生转化行为"(Giroux 1988：xxxiii)。这里，批判性教学法成为"不是帮助学生准备从属性工作或'事业'的途径，而是帮助学生为自主的人生做好准备"(Aronowitz 2009:ix)。

虽然教育领域一直在积极主动地探索研究批判性教学法，但是直到20世纪

90年代,对外英语教育领域才发生了重大的转变。从那以后,人们越来越意识到任何个人转变都在某种程度上受到语言媒介的影响,因此语言教学和语言教师负有特殊的责任。现在很多英语教师都意识到,正如库玛总结的,批判性教学法

> 主张用语言联系世界。把语言看成思想,而不是单纯的体系。把教育空间延伸到语言使用的社会、文化、政治动态,而不是单纯地局限在语言使用的语音、句法、语用范畴。
>
> (2006c:70)

它还主张开发语言资源,创建文化形式和有趣的知识,为教师和学习者的生活经验赋予意义。意识到这些,我们就会理解,语言教学并不只是教语言那么简单。

语言教学领域的几位学者一直主张使用批判性教学法原则和实践。在早期的探索中,埃尔莎·奥尔巴赫(Elsa Auerbach 1992)提出五步法,用于成年人英语教学环境下,使用批判性的方法,让学生参与讨论问题:(1)描述一个和学生的生活经历问题相关的文化主题(一条规范);(2)通过提问帮助学生识别问题、澄清问题;(3)让学生分享类似的经历;(4)帮助他们分析问题的根源;(5)帮助他们找出可能的应对策略。布莱恩·摩根(Brian Morgan 1998)已经论证了批判性教学实践和社区发展甚至能够有效应用在语言体系内的教学单元,如语音、语法特征。莎拉·贝尼希(Sarah Benesch 2001)提出了联系语言主体和更大团体的社会政治背景的途径方法,目的是把课堂输入和互动转变成有效的个人转变工具。简言之,主张批判性英语教学法的学者已经表明

> 语言不单单是表达和交流的工具;而是建立途径,让语言学习者了解自己、社会环境、历史、自身未来的机遇,同时也受到这些因素的影响。
>
> (Norton & Toohey 2004:1)

全球化已经为批判性英语教学实践开创了新的机遇,也提出了挑战。第三章中我们看到全球化文化意识要求英语教师发展学生对当下现实的批判性意识,这挑战着他们的需求、自主性、动机。根据诺亚·德·李思维(Noah De Lissovoy)的观点,这种全球化的发展趋势需要产生一种方法,他称之为**全球化的批判性教学法**,这种方法

> 一定要考虑到意识、经验、身份的根本转变,这些转变正是全球化历史环境转变的核心。
>
> (2009:191)

这意味着语言教师要提供给学生新的视角和思考方式,重新审视影响他们身份形成和个人转变的社会、政治、文化因素。

目前,我探讨了教学行为包含的双重任务:尽可能地创建学习机会和指导个人转变。已经有人担心教师会不会觉得任务过于艰巨,要同时发展完成任务的知识和技能。在这个背景下,古斯塔沃·费奇曼(Gustavo Fischman 2009:210)将我们的注意力引向"很多教师已经表现出的可能性转化特征,尽管有些很粗浅,或者看似平常"。很多有想法的教师已经注意到全球化社会的语言、文化、教育需求。事实上,他们不断进行着批判性思想活动。他们由此得来的成功和满足感很大程度上依赖于他们的思想活动的质量。提高他们的思想活动质量的方法之一就是让他们意识到理论化的重要性。

5.2 理论化

或许对外英语教育的理论、研究和实践总是"雷声大,雨声小"。"理论不管用",社会学家哈维·福格森(Harvey Ferguson 2009:42)断言,"但是首先因为我们不知道理论是什么、为了什么"。他对于社会学的看法似乎也能应用到普通教育领域,这也影响了对外英语教育的教师理论和教师研究。在对外英语教育专家努力寻求理论的内涵和意义的时候,也无意识地导致了教师理论和教师研究概念不明确、术语模糊、方法混乱。结果导致很多一线教师就算不抵制,也不重视理论和理论化。

很久以来,对外英语教育界一直对理论和理论化的角色定位不清,甚至自相矛盾。最近"英语教育理论化"研讨会的参会者在《TESOL 季刊》(*TESOL Quarterly*)(2008 年 6 月,第 2 期,第 42 卷)上发表了自己现在的看法。阿利斯特·卡明(Alister Cumming)认为英语教育的特征就是"应用性的学科","主要实际关注世界各地的人们的英语教育活动相关问题"(p.286)。他指出英语教育从业者尝试"使用理论"为的是找到"具有理论基础的方法,用来解决问题"(p.289)。戴安·拉森-弗里曼(Diane Larsen-Freeman)建议"英语教育理论的作用应该是提升意识、鼓励教师和研究者探索更深刻的理解"(p.293)。朱利安·埃奇(Julian Edge)回应说:

> 对外英语教育理论的意义是建立一个概念性的、暂时的目标,使理论化的过程可信、有意义,因为有的教师相信,他们的职业和个人发展依赖于不断地深入了解他们为什么这样教学,也依赖于不断地提升他们表达意识的能力,而这个表达过程也提高了他们的意识。

(p.653)

从理论的应用到意识再到表达的微妙变化在教师研究和理论化上也有所体现。对外英语教育和普通教育学的教师研究一直以行动研究为主，虽然行动研究本身也有很多种类别。我在文献中看到至少三大类，三者形成连续统，区别在于谁在教师研究中发挥能动性。我把能动性定义为发起、执行、评价课堂研究的自由度。

连续统的一边是专家主导掌控的教师研究。人们认为一线教师要么缺乏研究技能，要么缺乏研究资源，无法独立发起、执行、评价研究项目。然而，有些教育家认为，教师应该接受指导，从事一些基于课堂的行动研究，从而让教师了解自己教学活动的原因。在此基础上，他们区分了教育的**专业理论**和**个人理论**。专业理论由专家产生、宣传、维护，在专业文化中融入专业知识的集合体。个人理论的发展则是通过教师通过测验、感知、判断专家的专业理论是否有效获得的(O'Hanlon 1993)。因此，行动研究其实是受理论推动的，也就是说教师会研究学者们已经认可并指导的研究问题——受着学者的指导和庇佑。

这种行动研究观点完全符合教师教育的知识传递模式，却受到严厉批评，因为有人认为行动研究会人为地制造学者和教师之间的功能的矛盾，而这种矛盾是有害的。换句话说，学术论述成了交流的媒介，人们可以表达和产生教学力量(Bourdieu, Passeron & Martin 1994)。正如乔·金奇洛(Joe Kincheloe)指出：

> 行动研究的倡导者支持这种教师执行者的方法，恰恰说明了他们的想法是不成熟的。他们认识不到教师选择研究问题其实是思想的行为，这个行为使教师的角色变得复杂。
>
> (1993:185—86)

行动研究连续统的中间位置第二类。它代表着结合专家的专业知识和教师的个人经历。迈克尔·华莱士(Michael Wallace 1998:18)说，行动研究"同时涵盖了专业发展和传统研究，有些一线教师把这两者联系起来"。专家和教师之间的关系被认为是互相促进的，因为"行动研究可以同时兼顾学术研究（提供专业基本原理）同时通过研究专业的话题来充实理论"(同上:p.254)。

研究者和教师的合作研究既得益于研究者贡献的理论知识，又得益于一线教师贡献的实践知识。尽管人们一直在强调教师的角色，但是整个过程还存在问题，因为"这一组合中，研究者有更多的操纵力，而教师有更多的知识"(Ulichny & Schoener 1996：503)，所以教师研究者的组合延长了二者之间的不平等(Stewart 2006)。人们也指出，大多数合作研究的结果都由大学里的研究者发表，却是给教师看的，极少有例外。此外，如果是合作发表，研究者无疑会是第一作者，教师无可避免的是第二作者(Crookes & Chandler1999)。

连续统的另一端是教师研究，将一线教师的能动性和权威放在了首位。它

相信

> 适当的教学法知识，一定是来源于日常教学。一线教师更有能力产生、理解、应用这类知识。
>
> （Kumaravadivelu 1999b:35）

毫无疑问，这里的主角是老师，主场是教师，专家是教师需要的时候可以依赖的导师，并不会多加干涉。很显然，这一观点反对传统的观点"行动研究的最终目标是改善行为而非产生知识"（Elliot 1991:49）；相反，它反映的观点是"善于思考的教师不再被当做是只会运用理论的人，而是会把行为理论化的人"（Edge 2001:6）。它意在鼓励教师思考课堂研究怎样能够帮助教学法的进步、个人的提升、专业的发展，这些都具有教学和教师教育的转换模式的特征。

问题的关键是：教师们应该研究些什么问题，这样在他们认真地做了教师研究之后，能够给自己的行为建立理论，并把理论付诸实践？

5.2.1 问题和前景

教师在试图把课堂教学建立理论的时候，总是面临一个顽固的问题，他们不能从二语习得和语言教学法方面的专家学者那里得到足够的行动指导。罗德·埃利斯（Rod Ellis 2010:196）强调二语习得研究的重要性，指出"教师需要机会成为自己课堂的研究者和二语研究的消费者"。可是，"大多数二语习得研究的消费者都因为研究看似忽视了实际问题而不喜欢它"（Markee 1997:88，转引自 Ellis 2010）。Ellis 认为，解决问题可能的方法，就是教师和二语习得研究者合作研究，或者做自己的行动研究和探究实践（探究实践详情见下）。

然而，还有一个问题，就是教师缺乏做研究的能力，也不相信自己具有做研究的能力。最近的调查研究（Barkhuizen 2009，Borg 2009）显示教师缺乏研究实践的知识和时间，这才是首要原因。调查还报告了教师天生的态度、概念和操作上的障碍。一个相关的问题是即使有教师开展了课堂研究，通常也找不到途径和其他教师、研究者、课程设计者或政策制定者分享研究成果。不这么做"就意味着失去机会，忽视责任，没有对语言教育领域的探讨争论做出贡献"（Barkhuizen 2009:124），这极大地限制了他们的研究发现的影响力。

语言教学法的研究并没有为理论化的教师提供足够的支持。这种现象部分因为，正如马克·克拉克（Mark Clarke 2003:128）所说，语言教学法自身非常局限于"方法"，关注重心"从提高学习转移到提高方法，就好像园丁花大量时间建立理想的温室，却忘了照顾西红柿"。因此，以方法为基础的教学和教师研究并没有给教师提供足够的知识和技能，让他们在后方法的环境中研究自己的课堂，后方法环境更能确保特殊性、实用性、可能性的操作原则（详见第一章）。结果

是，虽然专业文献

> 充满了赞成教师参与研究的论调；现实仍然是教师研究——教师系统的、认真的探究自己的职业内容，并将研究成果公诸于世——仍然是英语教育的少数行为。
>
> (Borg 2009:377)

如果不去考虑真实的或假象的压力，教师理论化如果运用得当，还是十分具有可行性的。近期的研究表明教师有误将教师研究和传统的科学探索形式相联系的趋势(Borg 2007:744)。为了消除这种误解，有人建议应该提供给教师持续的机会，讨论和澄清他们对研究的概念、判断标准、形式的种类、研究和课堂活动在教师生活中的互动等问题的理解。

此外，我们还需要强调清楚，正如我在别处说过，教师理论化

> 并不总意味着极度复杂、依赖数据、控制变量的实验研究，这种研究一线教师既没有时间也没有精力做。相反，它意味着在课堂上多看、多听、多想，了解针对什么样的学生，什么方法行得通、什么方法行不通，原因何在，思考为了达到理想的效果，需要作出什么改变。
>
> (Kumaravadivelu 2001:550)

当然，这种课堂观察需要系统、持续进行，这样能够让教师最终得出个人的实践理论(参见第6章)。

课堂研究有个为人熟知的例子，就是迪克·奥莱特(Dick Allwright 2003, 2005)提出的**探索型实践**(EP)。它的定义是"通过我们的行为，以最小程度的干预争取最大的实际和个人收获的，持续发展我们的理解的方式"(EP Website)。首要关注点是理解——理解课堂发生的事情。EP包含一系列基本步骤，包含(1)发现问题，也就是，发现教学或学习情境中困扰人们的问题；(2)反思问题，也就是，在采取实际行动之前为了更好地理解而去思考这个问题；(3)监控，也就是关注困扰人的难题，更好地理解它；(4)采取直接行动，也就是，从课堂上得出额外数据；(5)考虑目前的结果，决定下一步该做什么，包括决定是否有足够的理由继续还是应该多做反思和收集数据；(6)继续前进，也就是从几个备选中选择改变现有体系的方案；(7)公之于众，也就是通过展示或发表的方式把探究发现的收获和其他人分享。因此，EP的核心关注点是实际行为。

正如上文的讨论提到过的，一些行动研究的种类和探索性实践的核心原理已经为教师理论化开辟了生产性的道路。可是，"二语习得和行动研究或探索性实践的关系还是很脆弱"(Ellis 2010:189)。这不仅因为习得研究和教学法理论化之间目标的差异，还有方法论的原因。

5.2.2 方法论的考虑

上文提到的传统形式的科学研究主要以量化为导向,以实验为中心,更适合二语习得研究者,因为他们意在用研究结果推广、预测、建立和现象之间的因果关系。不过,教师理论化,主要以量化研究为主,观察研究对象的目的是为了解释而不是预测(具体内容参见 McKay 2006)。很久以来,语言教学研究和教育研究一样收效甚微,一直遵循传统的科学研究形式,忽略教师和学习者的生活经验。很明显,缺乏关注

> 教师的声音,教师提出的疑问和困难,他们用来解释和提高实践的框架,他们定义和理解自己的工作生活的方法。
>
> (Lytle & Cochran-Smith 1990:83)

幸运的是,最近 20 年,这一趋势已经逆转,越来越多的语言教学研究选择使用定性研究方法。

基思·理查兹(Keith Richards 2009:149)在最新的文章中提供了语言教学研究者进行定性研究的操作定义。它是:

- 适应本地情况的(它研究在自然环境和条件下的参与者,把认为创设的情境排除在外);
- 以参与者为导向的(它关注并试图了解参与者对世界的看法);
- 整体考虑的(它对环境敏感,不研究独立于情境的孤立因素);
- 归纳的(依赖于研究数据从不同角度分析数据的过程)。

定性研究最典型的方法包括个案分析、民族志分析、课堂互动分析。

最近也兴起了帮助初学研究者的定性研究指导(见 McKay 2006)。以下改编自马克·克拉克(Mark Clarke 2007:77-78)的五步骤可以帮助初学教师研究者开一个好头(另一套步骤参见 Kumaravadivelu 2003b,第 13 章,监控教学行为):

- 发现一些有效的课堂技术、项目、活动、事件;
- 说出这些学习或教学体验成功的关键因素;
- 列举学习者的参与对了解这些活动成功因素所作出的贡献;
- 找出能够解释和支持这些理由的已有学习或教学理论的核心原理;
- 采取批判性立场,允许不断的修改,基于有其他经历、深入阅读以及其他同事的参与。

当然人们可以,其实也应该,不仅关注课堂上奏效的方法,也同时关注不奏效的

方法，因为我们既可以从成功的经历中学习，也同样能从失败中学习。

谈到教师研究的主观性，一直存在对它的正确性和可信性的合理批评。我们必须意识到，也必须接受，任何意义导向的解释研究一定是主观的。然而，一定要小心注意，减少主观性。人们使用的有效的方法被称为三角法。它包括收集多角度的观点（详见第 6 章），使用多种数据收集办法（如观察、访谈、调查、问卷等），一定要让研究伙伴或感兴趣的同事把解释说明证实一遍。因为要看看不同的来源是不是得出同样的结论。我们应该记得民族志研究，正如人类学家克利福德·格尔茨（Clifford Geertz 1973:5）提醒过，"不是寻求规律的实验研究，而是寻求意义的解释性研究"。

到现在为止应该很清楚了：教师研究以定性为导向、民族志为基础、以课堂为中心，其重要方面就是教师和学生的生活经验和真实声音。重要的是我们更应该重视课堂实践和个人经验，而不是语言教学的专业理论。因此，聪明的做法是把教师理论化看成长时间的个人探索，逐渐了解教师的感知（van Manen 1977）或者教师的可信感（Prabhu 1990），这是一个持续的努力，将会帮助教师从课堂活动中得出理论。考虑到教师理论化的解释性特征，一个重要方面就是为对话式的意义建立创建机会。

5.3 对话

教师探究是对话式的探究。也就是说，即使**个人**行为理论的建立也是公共的、合作的、对话的。究竟什么是对话？为什么教师要对话？几位文化和教育理论家已经深入思考了这些问题。我认为以下三位的看法对教师对话尤为重要：米哈伊尔·巴赫金（Mikhail Bakhtin）、埃蒂纳·温格（Etienne Wenger）、戈登·威尔斯（Gordon Wells）。

巴赫金认为，对话不仅仅是两个或多个对话者之间的语言交换。它是意义、声音、信仰体系之间的互动；这个互动被巴赫金称为**响应式理解**。巴赫金式的对话理论把理解当做所有人类努力的核心。理解"是对话存在的意义所在，具有复杂的动态结构"（Marchenkova 2005:173）。有真正的对话互动精神的地方，所有的参与者都可以互相学习从彼此身上获益，而不受权力、专长、经验上的层次差别的影响。在对话的过程中，没有会话参与者被边缘化，没有人有特权，因为通过对话关系，会话参与者同时获得和放弃他们的自由。因此，对话预期本身就带有改变和影响对话参与者思想的可能，促进相互学习最终共同进步。

在《对话想象力》（Bakhtin 1981）中，巴赫金（Bakhtin）的翻译卡莉·爱默生（Carly Emerson）和迈克尔·霍奎斯特（Michael Holquist）向我们展示了他的对话，整合了貌似分散但有意义的成分,比如历史、文化、文学、语言、自我认同,以及它怎样解释人类自我和社会的微妙关系、自我和他人的关系。这些关系受对话互动的影响,对话互动的特征是巴赫金称为**权威话语和内在说服话语**的矛盾。前者

> 是从外部接近我们的特权语言;……我们背诵它。它对我们有权势,但是只有在其有权势的时候;一旦失去特权,它立刻就会失去生机,变成废物。

后者代表"一个人自己的语言,有自己的语音、手势、改变"(同上:p.424)。个人身份认同的形成和人类的意识,

> 是两种话语的不断斗争:同化进入自己的系统,同时把自己的话语从权威话语中解放出来。
>
> (同上:424—5)

权威话语经历对话的过程,就失去了特权。没有经历对话的语言一直是"权威的或绝对的"(同上:p.427)。在一定范围内,我们可以类比权威话语和内在说服话语的建构,专家的专业知识和教师的个人知识的建构(下文详述)。

显然,只要主动参与到他们所在的社会和职业团体中,个体就会在对话化的过程中起着最核心的施事角色。这就和行为团体概念有关。行为团体指的是一群有共同的兴趣爱好的人,他们经常彼此互动从而加深知识、加强技能、丰富经验(Lave & Wenger 1991)。行为团体是个综合性的理论,包含情景教学、身份形成、意义建构的不同传统,以综合的方式探索"个人身份、行为知识技能、行为团体的产生、转化、改变怎样在世界上的日常活动中实现"(p.41)。

温格(Wenger 1998)拓展了莱夫和温格的工作,从三个层面定义了行为团体:

- 它关于什么——它的共同事业被它的成员理解和不断探讨;
- 它怎样运转——共同的参与把成员联系在一个社会实体中;
- 它产生怎样的能力——成员逐渐发展出的共同技能(常规、情感、技能、词汇、风格等)。

行为团体的核心特征是产生行为的是一个团体,不是任何外力,因此行为团体的运转方式从根本上讲就好像一个自我组织和自我监控的体系一样。

正如温格正确地指出,我们都属于某个行为团体——工作、学习、家庭、社团、礼拜场所,等等。作为这些行为团体的成员,我们获得不同的经验,发展多重的身份。在我们从一个行为团体移动到另外一个的时候,我们就会面临行为界限。我们在一个团体(比如社团)中的"行为"可能与我们在另一个团体中(比如,礼拜场所)的"行为"不同。我们的多重会员身份需要不同行为界限的和谐共处。

结果,我们为了有创造性和动态地探讨我们的活动、身份、关系,我们努力全身心参与到行为中去。"创造性的身份探讨,"温格说,

> 总有可能重新安排这些关系。从这个意义上说,多重会员身份并不只是一个个人身份认同的关系。协调工作是深层次的社会类工作。
>
> (1998:161)

这种工作要求我们和行为团体内的其他成员互动。当我们"和彼此以及世界互动的时候,我们调节和彼此以及世界的关系。也就是说我们在学习"(同上:p.45)。

威尔斯(Wells 1999)拓展了温格关于行为团体的看法,并把它和巴赫金的对话理论结合起来,提出了**探究团体**的概念。探究团体是一个特殊的行为团体,特别适用于教师。他的核心论点是"教育应该以参与者感兴趣的对话的形式进行"(p. xi)。不同于教育界的普遍看法,他认为探究不是一种方法(比如"发现式"学习),也不是设定好的课堂活动程序。相反,他认为探究是

> 对经验和观点的态度——愿意怀疑、提问、了解,和其他人一起寻求答案。
>
> (同上:p.121)

这种探究的目的不是为了知道而知道,而是学习发展必要的能力和性情,从而"在现在和将来可能遇到的情境下能够有解决办法,承担责任"(同上:p.121)。此外,这样的探究应该帮助教师建立起他们的学生的实际经验,鼓励他们"自主指导自己的学习","给予他们社会宝贵的思考和行为方式……"(同上:p.121)。

威尔斯相信教师的探究团体不同于其他的行为团体,因为它有可能成为知识创建者的团体。它的一个特征是它尤为强调**知识变化**,这给它的成员能力去思考**关于**知识的建构、**关于**这个过程中的工具和行为。理论知识的发展在教师提取相关亲身经历,并"参与到知识建构的过程,建立与他们相关的不同事物和活动之间的联系"(同上:p.124),在这个过程中,他们发展了"系统的概念结构",也就是知识的组成部分。教学团体的成员和其他人一起解决课堂中遇到的问题,创建了"实现个人发展和社会转变的框架"(同上:p.122)。

概括地说,我们从三位理论家学习到的是,参与者之间真正的对话互动会导致对他人的信仰、身份、性情的响应式理解,从而促进个人和职业的发展。对话参与者成为行为团体的成员,共同努力提高他们知识、丰富经验。特别是,教师组成了探究团体,除了发挥熟悉的知识传播者功能以外还参与知识的生产。这三位理论家,都以某种方式,关注

> 个人的有意识活动,个人作为团体成员,在共同努力理解和改变世界的过程中使用并产生表述的过程。
>
> (Wells 1999:76)

这些观点对帮助教师对话有极大的价值。

5.3.1 教师对话

简言之,教师对话就是和自己、文本、他人在学习、教学、理论化等问题上进行探讨。然而,对话必须是经常的、持续的、批判性的。也必须是**学习式的对话**。克里斯·阿基里斯(Chris Argyris 1992)从事商业管理学习领域,区分了**控制对话和学习对话**。前者,顾名思义,就是把人的想法强加给其他人,用想法控制对话和随后的行为,不考虑功绩。后者把观点的多样性看做学习的资源,反思自己的信仰、假设、价值观的机会。在探寻式对话中,参与者之间理想的对话应该是学习式的对话"尊重不同的观点,并把它们看做互相评论和学习的机会"(Argyris 1992:53)。

教师作为对话探寻者,和同行以及导师进行学习会话时,应该能够分辨出携带不同价值观的不同会话机会。一项研究探究导师的专业会话过程和内容,该对话是共同建构知识的机会,莉莉·奥兰多-巴拉克(Lily Orland-Barak 2006)区分了三种不同形式的对话,他们是会话的补充:汇聚型、分散型、平行型对话。汇聚型对话中,参与者认为理解导致学习机会的汇聚,会解决会话中的问题。在分散型会话中,参与者脱离自己的个人环境,探索、比较、联系不同的行为,从而参与到更宽泛、普遍的理论化过程中。在平行对话中,参与者把会话空间当做通过与自我对话发展自己思想的环境。对话以各种形式出现在会话中,一次由某种形式占据主导。它们提供"给参与者重要的机会,辨别争论自己的想法和固有的假设"(p.20)。

为了争辩固有的假设,实习教师、一线教师、合作教师经常寻找学习式会话机会,为的是发现新的经验、解释、评价。在一项关于合作教师和实习教师的合作对话的研究中,德林·阿塔伊(Derin Atay 2004)报告参与者从学习式会话中的收获。一位合作教师说"如此详细长时间的谈论我的教学行为,让我审视自己的行为,并作出改变"(p.153)。另一位谈到和实习教师的合作

> 让他思考并随后表述他的教学行为背后的理论知识,他评价说:"一旦你开始解释并分享你的想法,你就意识到自己头脑中有些什么了。"

(同上:p.154)

一些英语教育领域的个案研究(例如 Richards 1998, Edge 2001)展示了有趣的事例,教师和教师教育者使用叙述和自传的方式共享学习会话经历。

自传叙述是非常有效的手段,教师可以把它作为对话探究的一部分来使用。它提供"思考人的私人世界"(Pavelenko 2007:164)。凯伦·约翰逊(Karen Johnson)和保拉·戈隆贝克(Paula Golombek 2002)在他们编的书中记载了有

趣的叙述故事，揭示了教师使用系统的叙述式探究，怎样"回忆、反思、重建自己的思考方式"(p. xi)，以及教师伦理化不是线性的而是"与自己和他人的描述、反思、会话，和使用其他教学行为之间的动态互动"(同上：p.7)。

一个叙述故事谈论了教师怎样成功创建学生和自己之间的交际渠道，并发现课堂学习机会最大化的方法就是

> 如同建立我们自己和学生之间的联系那么简单，要以真正以人为本的方式，我知道这很难，让我们一起努力，共同学习。
>
> （同上：p.32）

另一个故事回忆了从课堂中得出理论的艺术，他基于自己的个人经验，给其他人提出建议：

> 写自传，记录下你当学生、语言学习者、语言教师时的丰富经历。识别出对你作为语言教师的职业发展起重大影响的关键人或事。然后批判性分析这些经历和信仰，思考它们怎样影响你作为教师和教学学习者的发展。最后，把你得出的结论引用在你现在或者将来的教学实践上。
>
> （同上：p.175）

5.4 结束语

正如上文引用的教师建议所指出的，教学、理论化、对话的行为都紧密相连。他们互相促进，在形成与改变的循环中往复。教学是一项反思性活动，受理论化影响，也影响理论化，而理论化又受对话式探寻的合作过程的影响。在本章中，我关注课堂语言教学的关键是学习机会最大化和指导个人改变。然后我讨论了教师研究的类型，教师研究可能引导教师从实践中提取理论，并用理论指导实践。最后，我涉及了怎样通过合作和对话的方式建构个人行为理论。这其中最根本的动力是发展教师教育转换模式的需求，给教师以成为转化型知识分子必要的知识、技能、性情。

在展开教学、理论化、对话时，教师发展了汉森（Hansen 2001）称之为**顽强的谦卑**——"一种主动的品质，尊重事实同时坚持到底"——这种品质创造了"教师学习的条件，因为'必需的''更深层次的知识'包含在'好的行为'里"(p.172)。在好的行为中的必需品也包含从多角度**看**课堂活动。我们接下来就要探讨这个话题。

快速读者反应

快速回答以下问题。分成小组,和组内成员分享并讨论你的想法。
1. 你从本章中学到的重点是什么?
2. 你在本章中还有什么问题没有找到答案?
3. 你在本章中发现了什么惊人的想法或概念?
4. 你没有完全理解的术语或者概念是什么?

反思任务

任务5.1 创造学习机会

5.1.1 你是否同意这个看法?课堂上创造的学习机会的质量和教师是否把自己的角色定位为被动的技术人员、反思的参与者、有变革能力的知识分子相关?

5.1.2 你认为,学习机会的质量为什么和教师角色有关?给出具体例子。

5.1.3 三种教师角色的哪一种最适合创造高质量的学习机会?为什么?

5.1.4 回忆你作实习教师或者一线教师的时候经历过的课堂片段,思考它为什么能够或者不能够创造高质量的学习机会。

5.1.5 有什么学习者可以(或应该)做的事情,能够帮助创建高质量的课堂学习机会吗?

任务5.2 做行动研究

5.2.1 在行动研究部分,我提出了三种思想类型,它们处在谁采取主动的连续统中。请再次阅读相关章节。

5.2.2 哪一类最吸引你?为什么?

5.2.3 如果你希望就你最喜欢的类型做行动研究,那么你需要什么支持和资源?

5.2.4 你认为什么约束(体制的、社会的、文化的,等等)会妨碍你做自己的行动研究?

5.2.5 你怎样克服这些阻碍?

任务5.3 开展学习式会话

5.3.1 我们已经知道,教师对话就是和自己、和文本、和他人对话。然而,它必须也是一个**学习式对话**。

5.3.2 在你的具体的学习或教学环境下,学习是对话意味着什么?

5.3.3 描述你最近和自己做的关于课堂学习或教学的学习式对话。

5.3.4 描述你最近和同学(或同事)做的关于课堂学习或教学的学习式对话。

5.3.5 你从这些对话中学到了什么(和自己、和同伴的对话),对话对你的学习或教学活动有什么影响?

探索课题

课题 5.1 会思考的教师

5.1.1 这个课堂旨在帮助你思考"会思考的教师"。回忆朱利安·埃奇(Julian Edge 2001:6)的表述:"会思考的教师不再是应用理论的人,而是从实践建立理论的人"。试着组成小组(和同学或同事)。首先单独回答问题然后和组员分享你的答案。讨论你们为什么有不同的观点。

5.1.2 在你看来,谁是一个"会思考的教师"?你认为"会思考的老师"具备哪些特征?

5.1.3 你在教师教育项目中学到哪些的东西会帮助你(或者已经帮你)成为"会思考的教师"?

5.1.4 你认为应用理论和从实践建立理论有什么区别?如果可能的话,给出你个人经历的例子。

5.1.5 选择任何一个你从教师培训项目中学到的已经成熟的理论(无论是二语习得领域的还是语言教学法的都可以),展示它是怎样以一种连贯的、可信的方式影响了你关于语言、语言学习、语言教学的想法。

课题 5.2 理论化的教师

5.2.1 这个课题一直帮助你建立关于某个具体的教学实践的个人理论。仔细阅读这段话:"第二语言语法体系的习得是一个复杂的过程,通过一系列手段可以达到最佳的效果。但是重要的是意识到什么选择是可行的,这些选择背后的理论基础是什么,这些基本原理的问题是什么。这就是发展语法教学个人理论的开始"。(Ellis 2006:103)

试着组成小组(和同学或同事)。先单独回答问题然后和组员分享你的答案。讨论你们为什么有不同的观点。为了使讨论更集中,促进有用的对比,我建议你们选择英语文章。你们为学习者选择文本(英语二语学习、英语外语学习、或成人教育)和熟练程度(初学、中等、或高级)。

5.2.2 简要描述讲授这个文章体系可以使用的所有方法。

5.2.3 选择任意两个你熟悉的"方法",描述它们的理论基本原理。

5.2.4 讨论掌管你所选择的两种"方法"的基本原理的"问题"。

5.2.5 考虑你上面描述的方法、原理、问题,建构你关于这篇文章的具体的"语法教学个人理论"。举例说明你的"个人理论",为该文章的教学准备教案。确保你的教案描述了你将在课堂上使用的步骤,并给出具体例子。

第六章 察

问题不在于你看什么,而在于你看见了什么。

(Henry David Thoreau,Journal,1851年8月5日)

6.0 引言

察(seeing)好像一条线,联系了所有的教师准备模块——知、析、识、行——这些是我们目前探讨的部分。它的角色有时隐蔽,有时可见,但其实它一直存在。然而,**察**却很少得到它应有的注意,特别是在教育和英语教育领域。本章,我将首先给出关于**察**的概念的必要的背景知识,以及它和语言课堂的联系。然后,我将讨论批判性课堂观察的重要性,强调通过自己和同伴的观察了解教师、学习者、观察者视角的必要性。我们将了解到观察和教师的职业发展的联系,以及为什么教师教育项目应该关注这个问题的原因。

为了理解学习和教学中的观察的概念,我引用挪威教育家托恩·凯文贝克(Tone Kvernbekk 2000)的观点。凯文贝克从哲学的视角阐释了观察这个复杂的概念。他首先描述了教育界对观察的传统看法。正如他指出的,传统的观点认为人们只是单纯地看到一直"在那儿"的东西,也有些别人看到的东西。因此,他们相信眼见为实。这种观察主要基于熟悉度、经验、常识。它夹杂着人的喜好。因此它需要特别的能力来阻止人们看到本来就"在那儿"的东西。

这种常识性的看法还认为教师和实习教师通过观察、通过亲眼所见所获得的东西,并不是科学知识,而是感知的知识。因为这种观察只是**简单观察**(后文称作"**察表**"(seeing-in),它只包括肤浅的看物体的表象,而没有批判性的参与过程。凯文贝克不同意这种观点,因为,他认为,它"暗示着教师能看到的仅限于直接可观察的物体或直接可察觉的物体属性……"(同上:p.368)。他认为"我们能看到的远不止这些;我们也看到事件、状态和事实"(同上:p.368),"可能直接或间接的事实感觉事实上正是专业感知的主体"(同上:p.369)。

凯文贝克批判性地回应并且拓展了他在教育学文献中发现的观点，他探讨了另外两种形式的观察：察变（seeing-as）和察里（seeing-that）。察变并不涉及哲学层面，可以说是尝试通过发现旧的和新的经验、影像、行动之间的相似点和区别，来解读现在的观察体验。因此，察变超越了直接的感官体会。凯文贝克在解释他的观点的时候，援引了另一位教育家唐纳德·舍恩（Donald Schön 1983）的观点，他说过：

> 正是因为我们有能力把不熟悉的状况当做熟悉的状况，并把不熟悉的状况当做熟悉的状况来应对，我们才能用上过去的经验。正是我们有**察变**（see-as）和**施为**（do-as）的能力，才能够应对之前没有遇到过的问题。
>
> （Schön 1983，保留原文强调，引自 Kvernbekk 2000：361）

察里是更高级的观察形式，包含批判性地使用知识，因此它"是认识的成就"（同上：p.362）。人们把它当成表达观察和知识关系的工具。换言之，它批判性地结合了观察和求知，因此也在概念和感知之间建立联系。它要求批判性地解释我们看到的东西，为透过目标和属性的现象看本质开辟了角度。凯文贝克小心地提醒我们教育文献包含了很多这样的例子：实习教师和一线教师虽然仅仅看到了物体和物体的属性，但是从**察里**的标准来讲却是错误的。他说：

> 一个人看到的**事实**是学生在写东西、两个学生在一起画画，另一个**事实**是教室的地板没有清洁。只有**确实**知道要写什么，才能意识到学生在写东西。
>
> （同上：p.365，保留原文的强调）

凯文贝克所担心的教育界肤浅的观察方式是真实存在的。莉莉·奥兰多巴拉克和寿什·莱谢姆（Lily Orland-Barak & Shosh Leshem 2009）使用他的观察框架，进行了一项关于教师教育项目的调查，通过研究实习教师长期的记录，关注课堂观察的本质和影响。他们得出结论，实习教师的评价"提出的问题是：观察影响未来教师对自己的教学经历的看法"，虽然实习教师提供了"**察表、察变和察里**的实际例子"（p.31）。他们的发现"暗示了需要帮助学生联系不同形式的观察，从而理解更高水平的'察里'的认识经历"（同上：p.33）。如果实习教师和一线教师正在努力建立不同形式的观察之间的联系，可能是因为大多数教师教育项目没有把不同形式的观察和课堂观察建立足够的联系。

了解课堂参与者和课堂活动至关重要。正如厄尔·斯特维克（Earl Stevick 1980：4）指出，课堂的成功"不怎么依赖材料、技术、语言分析，更依赖课堂上人们之间和人们内心的活动"。因此，最重要的就是要观察正在发生的一切。我在其他地方已经讨论了三种不同的课堂观察方式：互动法、话语法、批评法（Kumaravadivelu 1999a）。同时，从更广义的角度讲，并不是单纯的概念连接了三种观察方法和上文提到的三种观察。我们也可以认为互动法主要产生**察表**，话语法主要促进**察变**，批评法主要促进**察里**。

简言之，互动法使用事先选择和决定好的方法，描述课堂的谈话，强调观察者对可观察的行为的看法，几乎不怎么考虑课堂过程或学习结果。其结果和**察表**类型的观察类似，只是对课堂行为、活动、目标、目标属性的肤浅理解。话语法试图通过考虑课堂任务的轮流形式、话题选择、话题处理、管理和认知等方面，来解读课堂话语。其结果就像**察变**的观察形式，是了解过去和现在课堂经历的联系。批评法承认课堂话语的复杂性和竞争性，因此允许教师反思处理社会文化和社会政治结构，它们直接或间接地影响了课堂话语的内容和特征。其结果，就像**察里**观察形式的结果，是更深层次地理解观察和求知之间的关系，这种关系可以开发个人的和教学法的可能性。

要想具有对课堂话语的社会文化和社会政治方面更深层次的理解、进行**察里**形式的观察和分析的能力，就必须遵循批判性课堂观察方法。因此，批判性课堂话语分析（CCDA，critical classroom discourse analysis）的原理和实践提供了有效的途径（Kumaravadivelu 1999a：472）。批判性课堂话语分析的前提是：学习者和教师带入课堂的生活经验"不仅受他们在课堂遇到的学习和教学内容的鼓励和影响，也受更广泛的他们成长的语言、社会、经济、政治、历史环境的影响"。这意味着课堂观察的目的通常不应该局限于分析教师输入和学习者输出、发起—回应—反馈过程和其变化形式、或教师遵循的教学策略；相反，它"也应该考虑话语参与者的复杂的甚至相互矛盾的期望和信仰、身份和声音、恐惧和焦虑"（同上：p. 472）。最近的研究更是证实了这种观点（例如：Richards 2006，Walsh 2006），它们提出语言课堂"身份建构的动态性质和它与持续对话发展的关系"（Richards 2006：51）。

因为不同参与者有不同的期待、信仰、身份、声音、恐惧、焦虑，他们对课堂参与者和课堂活动的看法也不尽相同。因此，任何有意义的想了解课堂的努力必须考虑不同的学习者、教师、观察者带入课堂的观点，以及他们关于自己课堂经验的看法。

6.1 学习者观点

强调学习者观点的人承认,作为课堂团体中感兴趣并积极参与的成员,学习者最适合解释和审视属于他们的课堂生活的几个方面,包括阐明或未阐明的课堂活动目标,教师帮助他们实现目标的指导语的清晰度,已经说明或尚未说明的他们用来监控和评估正在开展的活动的持续自我评价过程模式,以及他们对课堂活动的性质和范围的总态度。考虑到学习者扮演的复杂角色,从学习者角度观察课堂话语并不容易。正如迈克尔·布瑞恩(Michael Breen)告诉我们的部分原因是因为课堂话语

> 有很多潜在意义。它是分层次的,表层意义可以即时追溯到一个明确的话题或内容,而其内部既有**个人内心**的层面,体现在个体学习者有意识或无意识的学习过程中,又有**人际**的层面,表现在语言课堂话语的范围内。当然,前者较不容易让研究者觉察到。不过,后者可能较容易研究,也就成了我们更好地了解学习者参与过程和结果的媒介。
>
> (2001:129,保留原文的强调)

事实上,虽然学习者参与的内在属性很难进行实证研究,但是并没有妨碍二语习得研究者以隐喻的方式描述二语学习者。罗德·埃利斯(Rod Ellis 2001:72—85)已经汇总了九位杰出的二语研究者使用的隐喻。这些隐喻能够也确实影响了我们对学习者合作产生课堂话语的期望。它们可能也会影响学习者在课堂上的表现,和他们以及其他人对他们的做法的看法。这里介绍一些基本的隐喻:

- **学习者是容器**:这个隐喻的意思是,学习者被认为是被动的、局限的。被动是因为他们受其他行为的影响而不是自己开展行动。局限是因为他们的学习能力有限,能注意到的和能记住的东西都数量有限。
- **学习者是机器**:这个隐喻是说,学习者对自己的学习内容和方法缺乏控制。研究者和教师决定什么进入机器(输入)、什么从机器里出来(输出)、怎样操控二者(机器运转的生态环境)。
- **学习者是协商者**:根据这个隐喻,学习者和自己和他人展开细致的讨论,来决定什么对自己有益。这个隐喻相比前两者把学习者放在更主动的位置。
- **学习者是问题解决者**:这个隐喻是说,学习者就好像科学探索家一样,形成、测试、确认或反对假设。他们在认知上主动地决定自己学什么、怎么

学。埃利斯认为通过这个隐喻,"研究者可能自己创造学习者的形象。就好像他们努力解决**关于**学习的问题,学习者解决问题就是**为了**学习"(同上:p.75,保留原文的强调)。

- **学习者是建造者**:根据这个隐喻,学习者构建和重建自己的中介语。使用教师和教材提供的"支架",学习者构建对语法规则和其他语言体系单元的元语言理解。
- **学习者是投资者**:根据这个隐喻,学习者拿着自己的语言和文化资本,做有效的投资,目的是从课堂企业中得到最大的收益。
- **学习者是斗争者**:根据这个隐喻,学习者把课堂当成斗争的场所。他们要准备好抵抗不公平的社会、文化、政治力量,这些力量会阻止他们的个人转化。

还有很多其他的隐喻,"有些很古怪"(同上:p.77)。然而,埃利斯认为,大多数隐喻都认为学习者的特征就是自己学习的主导者。研究者以及研究者和学习者之间对于这些描述确实有分歧,但是"这并不重要",因为"研究者和学习者目的不同——学习者是为了学习,而研究者是为了描述和解释学习"(同上:p.84)。

然而,在观察学习者视角这个问题上,分歧就重要了,因为"我们知道学习者个人的方法和概念越多,我们的干预就越好越有效"(Kumaravadivelu 1991:107)。最近一项研究探索了学习者对课堂互动的看法,特别是对学习者和学习者互动的看法,准确地指出了在交际清晰度、语法准确度、矫正反馈等问题上的不同观念(Kuo 2011)。另一项针对英语环境下学习者对学习目标的研究指出学习者无法正确识别教师的学习目标,并且教师真正做的事情和学习者眼中看到的之间有巨大的差异(Wong 2009)。然而另一项研究中,教师和学习者一起评价课程任务,该研究展示了观点的多样性,以及共同评价和反思的益处(Stewart 2007)。另一项早期的研究项目中有997名学习者和50名英语教师参与了研究,测试学习者喜爱的活动和教师认为学习者喜欢的活动的一致程度。结果研究者发现,只有50%的一致度(Spratt 1999)。

认识的差距既明显又常见(Kumaravadivelu 1991,Block 1994,Barkhuizen 1998)。可能的解决方法是:首先找到观念差异的根源,然后努力削弱根源。我们可以发现至少十条教师意图和学生理解的差距的根源:认知的(对世界的知识);交流的(交换信息的技能);语言的(对还在发展的语言的知识);教学法的(对教学目标的认识);策略的(对学习策略和风格的认知);文化的(对目标文化规范的知识);评价的(学习者为了检测进步而使用的自我评价方法);程序上的(解决一个具体问题的策略);指导的(教师帮助学习者完成任务时使用的指导);态度的(参与者对学习、教学、角色关系的属性的态度)(具体例子见

Kumaravadivelu 1991,2003b）。

考虑到语言课堂交际的性质,差异在所难免,但是却可以矫正。改变这种认识差异的一个方法就是"在课程中用更多时间来解释、讨论、评价活动和方法"（Spratt 1999：149）。其他建议（Barkuizen 1998）包括让学习者（1）记录他们对课堂上发生的事情的看法；（2）给教师写信,探讨创建的和错失的学习和教学机会；（3）就他们的语言学习经历写作文；（4）听取其他学习者的建议；（5）给教师提供关于测验和其他作业的详细的反馈；（6）在期中和期末参与教师管理的课程评估。

承认并减少感知的差异会帮助我们从新的生产性的视角了解学习者的观点。如果我们认真地把**察里**当做一种更可取的课堂观察方式,那么,"我们就有义务一起倾听从事学习和教学的人**赋予**行为的多重意义"（Breen 1991：232,保留原文的强调）。显然,我们从课堂听到的意义多样性不仅来自学习者,也同样来自教师。因此,了解教师的看法同样重要。

6.2 教师观点

虽然源自课堂的意义多样性是教师和学习者共同努力的结果,但是并不否定这其实涉及的是不对称的关系。双方在知识和权力方面都不对等。是教师来计划实施课程、选择修改课程材料、采用适应教学方法。是教师控制着课堂话语的开始、进行、终止。是教师决定是否放弃身上的权威性,以及何种程度上放弃权威。是教师最适合描述她的决定和行动背后的思考。随之而来,理解教师的观点对理解课堂学习和教学的性质至关重要。

在上一关于学习者观点的小节,我们了解了罗德·埃利斯的一篇文章中关于学习者角色的比喻。最近托马斯·法雷尔（Thomas Farrell 2011）的文章也对教师角色做出了类似的比喻,但有一点不同。埃利斯的理论集合了九位二语习得学者的思想,而法雷尔的理论来自一项定性研究,研究针对三位经验丰富的以英语为母语的加拿大籍英语教师展开。在这项研究中,教师们自己反思他们的工作、重新思考他们的职业身份。基于这些数据,法雷尔确定了总计 16 种次身份,并把它们分成三个主要的身份组：教师作为管理者、教师作为文化移入者、教师作为专业人员。

作为管理者的教师试图管理控制在教室里发生的一切。这一组包含三个常常提到的子身份：作为卖主的教师,售卖制度化的兴趣和具体的教学方法；作为表演者的教师,售卖笑话和故事；作为交际控制者的教师,控制课堂互动动态（次序轮流、次序让位等）。作为文化移入者的教师组织活动,帮助学习者熟悉目标语社区的文化信仰和习俗。这一组包含两个经常发生的子身份：作为社交者的教师，参与学生的课外社交活动；作为社会工作者的教师，像社会工作者一样给学生提建议。作为专业人员的教师将履行职责和责任感联系起来。这一组包含最常见的子身份：作为合作者的教师，愿意工作并认真地和其他教师分享专业知识，并给其他英语教师提建议。法雷尔(Farrell)正确地指出，这些教师的描述是临时的而非绝对的，他认为这些比喻会帮助教师"更关注自己的角色身份，然后决定是否改变自己的角色，以及怎样改变"(Farrell 2011:61)。此外，这些比喻，正如在学习者部分说过的，可能影响教师的工作，也可能影响他们对自己工作的看法。

除了上文提到的自我感知的教师身份角色，对认识教师观点还可能有用的就是教师对什么是好的语言课堂的看法。罗斯·西尼尔(Rose Senior)进行了一项综合研究，为我们提供了启发。她的发现很清楚：

> 在教师的心中，好的课堂就是小组有效顺利进行的课堂。因此课堂的连贯性概念就是核心现象，或者说核心种类，其他所有类别都可以联系到这上面来。

(2006:5)

在创建和保持课堂连贯性方面，教师努力

> 确保课堂的社交氛围既不太严肃也不太轻松、既不太沉重也不太空洞——重要的是在两极之间寻求平衡。

(同上：p.272)

教师为了促进课堂上的社交和谐，乐意并能合适地调整自己的教学节奏。其中包括不断努力寻找学生反馈、不断调整自己的教学内容。实际教学中，这样的调整使教师不会死板地依赖课程计划，也不严格遵循写好的教材。

教师也参与到自我批判性评价中，揭示了他们对学习者需求、动机、自主性的敏感度(见第4章)。任何基于课堂观察的教师自我评价，"都是对加强和增进理解有重要价值的意识过程"(Walsh 2006:127)。我们看到一位教师的意识加强了，他在自己的谈话中提到，自己认识和反思了大量的课堂，在听了自己的录音后说："我自己听的时候感觉有些'扩充的教师话语'可能太多了，有一两次我其实不必说的"(报告引自 Walsh 2006:128)。然而另一位老师批评自己上课总是使用过多的"日常谈话"，并反思了自己的

> 老毛病，总是改不掉。可能他不想改，但是能意识到这个问题已经很好了，这样他们可能有时候占主导，有时候又不是最有建设性的方法。

(报告自 Walsh 2006:139)

我们在另一位教师身上也看到了同样的提高的意识,他花了大量时间,试图收集关于学习者背景和观点的知识,因为

> 没有这个知识,我可能就得在黑暗中摸索;我就会在无法预测结果和有效性的时候给学生信息。我不需要学生的个人历史、他们的私人感受或他们不喜欢分享的信息,但是我如果不知道什么让学生感觉舒服、什么让学生感觉不舒服,我的教学就不算好。

(报告自 Johnson & Golombek 2002:84)

在教师们试图练习自我批评式评价的时候,教师就努力收集外在观察者的评价和建议,也从中获益了。

6.3 观察者观点

有目的地、定期地与观察者和被观察者对话使教师有机会检查自己的教学原则和实践。了解观察者对课堂事情和活动的看法能够产生有价值的宝贵的深刻见解,让他们以全新的批判性的方式工作。外在观察者依赖于环境和目的,他们可能是教师教育者、熟练的老教师、合作教师、管理者、同伴。教师可能在两个职业发展阶段利用得到外在视角的机会:作为实习教师期间的教学实践、作为一线教师期间的同行评价。讨论观察者视角的一个明显的局限是很少有教育学和英语二语教育的专业文献介绍关于观察者在服务前和服务时环境下的做法。不过,我们可以通过学生和实习教师的报告做出一些有益的推测。

我们应该承认,有些教师对教师身份、角色、责任的看法形成于他们的实习期(又称教学实践或实践教学),这通常是他们的教师教育项目的一部分。实习,是大多数英语教师教育项目的核心课程,处理的问题大体包括课程计划、课堂交流、课堂管理、和老教师、合作教师、其他人的合作(详见 Crookes 2003)。其中最普遍的就是课堂观察,实习教师不仅去观察他们的老教师或者合作教师的课堂,也允许别人观察自己的实习课。很多时候,他们也观察自己的同学的课堂,这也是微格教学实践的一部分。通常微格教学只有 5—10 分钟,只讲一个非常具体、微小的知识点,然后由教师教育者和其他实习教师给出反馈。

观察者——教师教育者、老教师、合作教师——肩负观察实习教师教学的重担。重要的是,他们需要区别为了课堂评估的观察和为了专业发展的观察——二者差别细微,也很难区分。为了课堂评估的观察通常是"以价值为基础、指导的、极端强迫的、受和学习未必相关的因素影响、不属于把观察当做学习工具的核心概念"(Wajnryb 1992:2)。为了专业发展的观察关注指导实习教师,正如约翰·范思鲁(John Fanselow 1990)所说,不断地实现发现和自我认知。观察者

面临的任务是给实习教师提供有意义的、有收获的、不强迫的学习经验。

通过课堂观察创建有意义的、有收获的、不强迫的学习经验,会面临一个问题,实习教师在教学实践中要经历**观察学徒期**——也就是说,实习教师,即使在开始教师教育项目之前,也可能已经在上学的时候观察了差不多有13000小时的教学(Lortie 1975)。凭借这个学徒期,他们心中已经牢固确立了好教学的样子。他们在教师教育项目中收获的新的有时候还相矛盾的想法就会融入其中。结果,他们对使用观察教学实践产生了怀疑。

关于英语教育教师准备的研究表明,实习教师处理问题的方式可能受他们的教师教育者、老教师、合作教师主张的原则和做法的影响(Brandt 2007, Farrell 2008)。例如,有报告说实习教师感觉他们被迫根据他们的教师教育者的喜好和期望来表现,他们没有足够的机会试验新学习到的想法,连犯错也是受他人判断。一个实习教师评价说:"我从来不喜欢仪式化的训练和引导技巧,也不喜欢使用教学卡片。对我来说,这些东西就好像'耍猴'的把戏"(报告自 Brandt 2007:358)。也有报告说,一些合作教师(cooperating teacher,简称 CT):

> 强烈鼓励实习教师"死板的模仿"他们的教学方式,实习教师感到有压力必须遵守 CT 的方式,因为毕竟 CT 会在实习期结束后评价他们。
>
> (报告自 Farrell 2008:234—35)

有些报告的矛盾部分是因为为了课堂评价进行的观察目的不同于为了专业发展进行的观察。在实习教师毕业后开始执教的时候,这些矛盾就消失了,他们可以通过自愿的同行观察获取观察者视角。事实上,观察者和被观察者都可以获得共同的利益,只要"观察不再是基于我们自己的假设而判断他人,而是基于他们的教学来评价我们的假设"(Cosh 1999:27)。

研究结果表明,一线教师真的能从同行观察中获益,而且他们也愿意参加,只要条件允许(Crookes 2003)。有几个实际困难需要克服。教师需要找同行观察者乐意花费自己的时间观察和评价他们的课堂,也乐意并能够提供诚实的反馈,指出确实需要注意的问题(Cosh 1999)。如果观察者不习惯给出建设性的批评,只关注一节课好的方面,"整个练习就变成无意义的相互吹捧表演"(Cosh 1999:24)。因此,迫切需要建立相互的信任,一个办法就是在最开始就坦诚讲清楚,并对任何会议或者报告的内容的严格保密(Farrell 2008)。

虽然有矛盾,但是同行观察让一线教师有机会在同事的帮助下监视和评价自己的教学行为。教师们带着合作精神和探索精神一起工作,努力合作探索语言课堂。这里的主要目标不是做出价值判断,而是促进自我反思和自我意识,从而发展对彼此都有益的自我监控和自我评价教学行为的能力。正如乔·安·克兰德尔(Jo Ann Crandall 2000:35)说过,同行观察,如果由两位合作教师有目

的、正确地进行,将会

> 被当做是合作发现过程。关注共同的学生和他们努力讨论课堂上的意义、建设理解,能够确保他们关注的是学生的学习,而不是教师的有效性。

同事们一起工作,可以创建鼓励团队合作的有益气氛,帮助彼此提高工作环境,使教学更有效。

6.4 察里的案例

上文讨论了观察的概念,也讨论了学习者、教师、观察者的多重视角,这些让我们相信系统地观察教学和学习会全面具体生动地描述课堂活动的目标。但是,我们应该注意的并不是所有形式的观察,而是具体的**察里**形式的观察。回忆本章前面的部分,**察里**是更高级的观察,涉及观察和求知的动态关系。**察里**形式的课堂观察以课堂学习和教学的眼光,研究所有的参与个体,而他们可能之前并没有关注这些。这种观察形式帮助他们关注他们带入课堂的经验、态度、信仰、价值观、身份认同。

这种**察里**形式的观察可以通过三个层次的过程实现,这三个层次我在其他地方也讨论过(Kumaravadivelu 1999b,2003b):(1)前观察;(2)观察课堂;(3)后观察。在前观察阶段,观察者从教师信息中抽取具体的要观察的课程目标,以及教师想要达到这些教学目标的手段。观察者了解这些信息,同时阅读课本和课上要用到的其他材料。在下一阶段,观察者观察指定的课程并给课堂录像,记录下具体的互动环节以便事后和老师共同探讨。在后观察阶段,教师带着自己的互动环节笔记,以便和观察者进一步探讨。观察者和教师讨论选定的互动环节、交换看法。他们和一组学生会面,这些学生是被选来做分析用的,然后探讨学生们对这些环节的看法。他们把三方的观点(教师、学习者、观察者)综合到一起,来解读观察到的现象。

以上的观察过程通常有两个相关问题。一个是录像。可能确实有后勤供给方面的担心,但是录像的好处远胜过麻烦。摄像机通常不是问题,因为大多数教育机构有摄像机。观察者可以很容易地开机、使用,或者使用三脚架把相机放在教室的固定位置。课堂开始几分钟以后,摄像机(或者观察者)就不再让学习者分心了。众所周知,课堂摄影的好处有:参与者可以在方便的时候观看录像;他们可以聚焦具体的学生、片段、重复播放;他们可以容易地从批判性角度研究课堂输入和互动的性质。第二个问题是时间。人们承认费时间的并不是设定和使用相机,而是转写。可行的解决办法是不去转写整堂课,而只转写用来分析和解读的片段,这些片段通常很短。事实上,只有参与者想基于观察发表论文或者撰写报告的时候,才有必要转写短的、选定的片段。教师有一个重要的教学优势,就是可以把选好的片段带回课堂,和学习者进行有意义的对话,寻求他们的解释和反馈。

为了展示**察里**观察形式的轮廓和角度的多样性,我在下文给出两个例子:一个是英语课堂上的师生互动,另一个是实习期的实习教师和指导教师的对话。

思考以下这个在英语阅读课上发生的互动(报告来自 Kumaravadivelu 2003b)。教师想上一节名为"找房子"的课。作为课堂会话的一部分,教师开始问学生,在找房子之前会考虑哪些因素;比如离学校近、环境安全、月租金、房子大小、学区好不好,等等。这是关于最后一个因素的对话(数字代表会话中的话轮次序;T 代表教师,S 代表学生):

51. T:好,那么……S13,对你而言最重要的是什么?房子大小?学校体系的好坏?

(51. T:OK, so... S 13, what is most important to you? Size of the house? The quality of the school system?)

52. S13:学校体系质量。

(52. S13:The quality of the school system.)

53. S14:学校体系?

(53. S14:School system?)

54. T:是啊,为什么是学校体系?

(54. T:Yah, why did you choose that?)

55. S13:我家里孩子……

(55. S13:My children at home...)

56. S14:我对学校体系没什么了解。

(56. S14:I don't understand school system.)

57. T:好,他家里有孩子。所以……对他而言学校体系最重要。明白了吗……?

(57. T:OK, he has children that live with him at home. So... that's the most important to him. OK...?)

58. S14:我不明白。

(58. S14:I am confused.)

59. T:好啦,好啦。你不明白。咱们把它弄明白。他的孩子得上学,所以他想住得离学校近……对不对?……现在,你说说……对你而言什么最重要?

(59. T:All right, all right. You're confused. Let's get unconfused. His

children go to school, so he wants to live near a school... OK?... Now, you tell me... what's the most important to you?)

60. S14:(还是一脸困惑)……嗯……上班近。
(60. S14:(Still looking puzzled)... Um... close to work.)

61. S15:(转向S14)你不上班(学生笑)。
(61. S15:(Turning to S14)You got no work(students laugh).)

62. T:真有趣儿……(会话继续)
(62. T:That's funny...(the conversation continues).)

很明显,在第52句中,13号学生表达了自己的观点,学校体系质量是他选房子首要考虑的因素。14号学生没带有强调任何一个字,问"为什么是学校体系?"教师以为14号学生指的是13号学生,问他为什么学校体系是他的首要考虑因素。所以老师向13号学生重复问题:"是啊,为什么是学校体系?"13号学生回答得也很合适。他家里有上学的孩子(第55句)。现在,14号学生说:"我不明白。"教师想解释:"他家里有孩子。所以对他而言学校体系最重要。"但是,14号学生不放弃。"我不明白,"他说。教师,显然是生气了,严肃地说"好啦,好啦。你不明白。咱们把它弄明白。他的孩子得上学,所以他想住得离学校近……对不对?"到那时候为止,14号学生已经失去兴趣了,所以,当老师问对于他而言租房最重要的考虑因素,他冷漠地回答"上班近",即使他不上班,而他的朋友15号学生(61行)笑着指出了这一点。

上课的时候,观察者并不是特别清楚发生了什么。但是当她课后和教师及和14号学生谈话之后,就理出头绪了。14号恰好是班里最聪明的学生之一。解构的意思是这样的:在53句,14号学生问:"为什么是学校体系?"这个问题并不是像教师想的那样问13号学生的。这个问题是问老师的。14号学生想知道为什么"体系"这个词和"学校"这个词联系在一起。他想知道为什么称之为"学校体系"。他强调的是体系,只不过他没有突出而已。现在,老师完全知道14号学生很聪明,所以觉得他又调皮了。她觉得他不是真的不明白。这就是为什么她生气了,而且说,"弄明白"。后来,学生告诉她他真的不知道什么是**学校体系**,老师感到非常抱歉。她解释说**体系**这个词指的是很多学校的集合,由一个郡或县的核心当权者管理,这些学校的课程都是一样的。

即使解构这样小的片段都展示了对学习者、教师、观察者视角敏感,分析教师和学习者互动的微小片段,能够帮助参与者透过表象看到本质。由上可以看出,教师一定要学会观察课堂,以系统持续的方式进行观察。只有这样他们才能够从课堂中提取理论。首先他们一定要发展察里形式批判性课堂观察的知识和技能。他们可以从参加教师教育项目开始。任何可行的教师教育项目,一定会给实习教师介绍课堂观察框架，给学生提供新的批判性自我观察、自我分析、自我评价教学行为的可能性和规程序。

以下这个例子说明了英语实习期可以采取哪些**察里**观察形式，包括实习教师和教师教育者之间的前观察和后观察对话。正如我在这个案例中讨论过的，读者可能会看到**察里**形式的观察和第五章讨论过的对话过程（特别是巴赫金的对话式探究）联系紧密。在收集视频数据的时候，教师教育者，一位加州的州立大学的 52 岁的女教授，正在教方法论和指导实习，两者都是英语教育研究生学习的一部分。实习教师是一个 25 岁的男研究生。他实习期教的学生大多来自越南难民家庭，学生们英语水平参差不齐，有些人同时学习英语和工作技能。

在前观察阶段，教师教育者（teacher educator，简称 TE）和实习教师（student teacher，简称 ST）会面。会议中，ST 告诉 TE 学习目标、教学策略、讲课材料，等等。然后，在 TE 观察课堂的时候，课堂也被录下来。整堂课，TE 都记录下课堂进展顺利和不顺利的关键点。两天后进行后观察。同时，ST 观看了课堂录像，准备就一些他注意到的问题评价和提问。TE 同样也从她记录的关键点选择她认为最重要的部分进行讨论。我在这里想强调的是前观察和后观察部分为整个对话经历建立了有意义的焦点，而整个对话经历是由 ST 和 TE 共同建构的。这里重要的不是活动本身，而是这些活动的对话本质，这也是察里类观察的特征。

由于开始已经有过交流，TE 知道 ST 打算介绍和帮助学习者练习课本上的对话。她注意到"真实生活"场景下的对话和课本里编造的对话不一致。因为坚信对话法，她决定和实习教师进行对话而不是直接告诉他自己觉得怎么做是对的。接下来的前观察对话片段展示了两个会话者怎样为解决问题而进行交谈（TE 代表教师教育者，ST 代表实习教师，三个点代表短暂停顿）：

01 TE：是的，我来问问你的看法，对这个问题…这个问题，嗯，我也很困惑，嗯，怎样平衡语法能力和交际能力，举个例子，嗯，让学生说，比如"哦，你把它弄干净了吗？是，弄干净了。"我觉得，事实上如果你想做出合适的回答，答案很可能应该是"当然啦，"也就是说，不带过去式。所以我，我想听听你的看法。

(01 TE：Yeah, let me just ask you your opinion on, on one thing... one thing that I, uh, have struggled with is, uh, balancing the grammatical competence with the communicative competence and, uh, in terms of uhm, having students, say "Oh, did you clean this? Yes, I cleaned it," I think, you know the reality is that if you were to ask that question probably the answer would be something like "Yeah sure," you know,

without that past tense form. So I-, I'm just wondering what your, your take on that is.)

02 ST:嗯,那个,我觉得,嗯,(清喉咙)你的意思是呃,考虑真实的交际?

(02 ST: Uhm, well, I think, uhm, (clears throat) you mean uh, in terms of like what real communication is?)

03 TE:对

(03 TE: Yeah)

04 ST:考虑我们使用的真实材料展示的内容?

(04 ST: In terms of what's, what's being, being presented in the actual material that we're using?)

05 TE:是的

(05 TE: Yeah)

06 ST:我觉得,我个人觉得,我并不区,区分这些,现在不区分,不过我早晚会区分的。现在我觉得我暂时拿这些材料,帮我,呃,教完一节课。

(06 ST: I think that, that, me personally, I don't really differen-, differentiate between that now at this point in my career, but think I would be, would eventually. At this point I think I'm kind of like using the text material, to help me, uh, get through a lesson.)

07 TE:嗯

(07 TE: Uh huh)

08 ST:你知道…(清喉咙)

(08 ST: You know... (clears throat))

09 TE:是的

(09 TE: Yeah)

10 ST:但是时不时的,我停下来,我,我不知道,时不时的,很难说具体什么时候…

(10 ST: But every now and then, I stop, and, I don't know, every now and then, that's not a very good definition of when exactly...)

11 TE:对,对

(11TE: Yeah, yeah)

12 ST:但是真的有时候,我对学生说,"我们英语中真的不这么说,"

(12 ST: But it does come about when I, when I actually say to students, "We really don't say this, in English,")

13 TE:嗯,嗯

(13 TE: Uh huh, uh huh)

14 ST:你经常会听到,这经常发生,那个,几乎每周都有,比如有个学生会说,嗯,我们提了一个长的完整句子的问题⋯

(14 ST: What you'll hear is, and this, this happens actually, you know, almost every week, like a student will say, uhm, we'll have a long full-sentence question...)

15 TE:嗯

(15 TE: Uh huh.)

16 ST:然后,我,我期待完整句子的答案,但是学生会,会,比如,昨天上课,"汤里最常见的原料是什么?"我想要得到,那个,完整答案,然后一个学生说,"牛肉!"然后我说,"嗯,不错。"这完全是一个可以接受的答案,但是一个完整的句子更长更费时间⋯这就是你要说的吧?

(16 ST: ...and I'll, and I'll, I'll expect a full-sentence answer, but the students will, will, for example, yesterday in class, "What is the, the ingredient that's listed the most in the soup?" and... I wanted to get, you know, a, a complete answer, and one student said, "beef stock!" and I said, "Well, that's fine" That's exactly what, you know, an acceptable answer in English, but for, for a complete sentence, it's a lot longer, and it wastes a lot, a lot of time... that's what you're getting at?)

17 TE:对,就是这个。

(17 TE: Yeah, that's it exactly.)

18 ST:我对这个怎么看?

(18 ST: What's my stance on that?)

19 TE:对

(19 TE: Yeah)

20 ST:(清喉咙)我觉得知道这个很重要,但是我觉得使用书中的例子也重要,目的是让学生熟悉这种语言。

(20 ST: (clears throat) I think it's important to know that, but I think it's also important to use those examples in the book just to familiarize themselves with that type of language.)

21 TE:嗯

(21 TE: Uh huh)

22 ST:因为即使他们不用在日常交际上⋯

(22 ST: Because even if they don't use that in, the, you know, communication, you know, on a day to day basis...)

23 TE: 嗯

(23 TE: Uh huh)

24 ST: 至少他们熟悉了这些词的发音。

(24 ST: At least they're familiar with what those, words sound like.)

25 TE: 嗯

(25 TE: Uh huh)

26 ST: 你知道,他们可能在交际中不那么重要,但是在他们他们的语言学习能力方面很重要,最终可能还是重要的。

(26 ST: You know, they may not be that important in, in uh, communication, but at, at this point in, in their their language learning ability, but eventually it may be.)

27 TE: 嗯,对。

(27 TE: Uh huh, yeah.)

(数据来源:作者)

这个前观察片段揭示出很多 TE 和 ST 之间对话中的立场。首先,通过和她的 ST 分享自己努力寻求语法用法和交际使用的平衡,TE 创建了一种参与者双方平等的氛围。怎样弥补人为编撰的教材语言和"自然的"语言之间的差异是所有的外语教师面临的问题。在首先把自己列为和 ST 同一阵营后,TE 征求 ST 的输入。

第二,在让 ST 反思他对这个特别的问题的立场的时候,TE 的动机是发现 ST 的真实课堂目标是什么——是交际的真实性,语法准确性,词汇的增加,还是别的? ST 想说的是,他准备好牺牲一定程度上的言语的自然性,来关注英语的结构和词汇,特别是和工作相关的英语课堂上(第 20 句),虽然课堂的主要关注点是交际。

第三,很明显,虽然"真实性"的问题在方法论和实习课上常常讨论,但是 ST 还没有真正仔细思考过这个问题,即使在准备课程计划的时候也没有想过。TE 在这个对话中做的就是鼓励 ST 在对话压力最小的氛围中进行反思。这最终(在经过了 17 个话轮的漫长对话之后)使 ST 意识到 TE 是在询问他对这个问题的个人看法。在第 18 个话轮中,他用升调:"我对这个怎么看?"然后继续表达他的想法。

最后,这个片段也揭示了 TE 乐意帮助 ST 创建和保护他的身份认同和想法。这非常重要,因为通过支持他的想法,她不仅发现了他的教学方式,也发现了其背后的实际动机。根据巴赫金的对话探究法,TE 已经创建了安全的培养环境,容纳多种观点、多种意义、多种信仰系统。

在后观察对话中,真实交际的问题又被提及,一部分是因为在这节课中,除了重复教材中的会话活动,有些学生使用"自然的"句子片段,思考这个片段,在这个片段中,ST 自己提出这个问题:

01 ST:是啊,如果我可以问的话,事实上,只是评论一下,评论一下我们之前谈论过的,嗯,最后一个问题,你问我这种对话怎么能适合真实生活的交际…

(01 ST: Yeah, if I might just ask, actually, just comment on, on what we had talked about before, uh, one of the last questions, you asked me how this kind of conversation fits into real life communication …)

02 TE:嗯

(02 TE: Uh huh)

03 ST:你知道,我意识到了,确实有区别…课上教的?真的需要的?等等…

(03 ST: You know, I'm aware that, that, that distinction is there … a lot of what's taught? You know, what's really needed? Etcetera …)

04 TE:是

(04 TE: Yeah)

05 ST:有很大不同…但是我真的不怎么关注那个问题,你知道,但是我真的知道,它确实存在,那个区别…但是我想了很多次,嗯,我自己的教学风格,向他们展示了确实有不同…我并不明确说,有区别…我不知道这样会不会让学生感到困惑?你知道,有些东西我也在努力…但是,我觉得,有些学习者,…有些起点高,有些起点一般,我觉得他们知道…在发生什么,我觉得其他学生现在所处的语言学习阶段是他们并没有真正理解很多…然后,我就想慢一点,照顾他们…你知道,这就是所有,加快速度、减慢速度再慢下来,不过…

(05 ST: There's a big difference there … but I don't really focus on that a lot, you know, but I do know it, it exists, that distinction … but I think that a lot of the times, uhm, my own personal teaching style, shows them that there is the difference there … I don't, you know, explicitly come out and state it, that there is a difference … I don't know if that's confusing for a lot of students? You know, uh, this was something that I was having a hard time with … but, I think, some of the learners, … some of them are high-beginning to low-intermediate,

I think they know what's ... what's going on and I think the other students are at a stage right now in their language learning where they don't really understand a whole lot anyway ... you know, and, I try to slow down a little bit to catch them ... you know, this is the whole, speeding-up and slowing-down pacing thing again but ...)

06 TE:对

(06 TE: Yeah)

07 ST:我很适应这么做…那个,我不知道他们适应不适应,但是我觉得这是最大的问题之一,所以…

(07 ST: I'm pretty comfortable with it ... you know, I don't know if it's comfortable for them, but I think that's one of the bigger questions, so ...)

08 TE:是啊,事实上,我觉得你处理得很好,因为你用了重音,为了达到效果…嗯,比方说,问题是,"我把盘子洗好了吗?"然后你说,"是的,你洗了,你洗得非常好。"你的重音非常自然,而且和结构很一致,所以我觉得,你想缩小和真实会话的差距,同时还他们机会去学习东西…我觉得这个解决方式很好。

(08 TE: Yeah, actually, I thought you handled it very well because you used intonation, to make it work ... uh, for example, the question was uh, "Did I wash the dishes very well?" and you said, " Yes, you did. You washed them very well. " and your intonation was very, natural, and it works with the, structure so I think that, you know, you wanna, minimize the, the difference between ... you know ... what's really out there and still give them an opportunity to work on something ... and I thought that was a good solution to this.)

09 ST:这并不是有意为之…只是自然发生了。

(09 ST: And that's not intentional ... and that just happens.)

10 TE:是的。

(10 TE: Yeah.)

11 ST:所以我并不知道这从哪儿来…但是可能我看过别人这么做…

(11 ST: So I don't know if that, where that came from ... but maybe I've seen somebody do that before ...)

12 TE:对

(12 TE: Yeah)

13 ST：…我，我觉得，觉得这方法挺有效的，或者还有什么…我不知道。

(13 ST：... and I, and I thought, thought it worked pretty well, or something ... I don't know.)

14 TE：嗯…但是，看…现在你可以…从现在起把这个当做一个意识的策略…

(14 TE：Uh huh ... but, see ... now you can ... make that a ... a conscious strategy from now on ...)

15 ST：嗯

(15 ST：Uh huh)

16 TE：…使用重音…咱们看看，比如说，如果有人说，那个，"你，你喜欢那个电影吗，皮特？"你可以说，"是的，我喜欢，我真的很喜欢"…然后你使用了过去时态，但是这听起来完全自然。

(16 TE：... to use the intonation ... uh, let's see, for example, if someone said uh, you know, "Did, did you enjoy that movie, Peter?" and you could say, "Yeah, I did I, I really enjoyed it a lot "... and then you're getting the past tense in there, but it sounds totally natural.)

17 ST：嗯

(17 ST：Uh huh)

18 TE：所以我认为只有当…有时候，你会看到有的书上写，答案是，"你喜欢那个电影吗？""是的，我喜欢。我真的喜欢那个电影，"

(18 TE：So I think it's only when ... sometimes, you'll see books where, the answer is, "Did you enjoy the movie?" "Yes, I did. I really enjoyed the movie,")

19 ST：嗯

(19 ST：Uh huh)

20 TE：这样子就很机械…但是你可以把它转化成更自然的东西。

(20 TE：And it's pretty mechanical ... but you can transform that into something more natural.)

21 ST：我确实做的事情之一，嗯，当我们遇到这些编造的、不真，嗯，不真实的对话时？

(21 ST：One of the things I do do, uhm, when we get into these, fabricated, unau-, uh, not authentic conversations?)

22 TE：嗯

(22 TE: Uh huh)

23 ST: 我发现学生这么读,"你今天怎么样?""我很好。你好吗?""我很好,谢谢——很高兴再见到你,太棒了!"

(23 ST: And I find students reading them like this, this is "How are you doing today?" "I'm doing fine. How are you?" "I'm fine, thank you—it's nice to see you again, great!")

24 TE: 嗯

(24 TE: Uh huh)

25 ST: 我和他们解释说,那是机器人学生,然后我把这样的对话念给学生听,他们都笑起来,然后他们,你知道,其他学生…我知道谁更多使用重音…他们就会举例子…我真的会过分强调它,"你今天怎么样?"那个,然后我,我真的会有重音,但是当我发现他们变成单音调(打响指)我立刻就会意识到这并不是我们说话的方式,我的意思是,对我来说重音一直很重要。我甚至感受到,你知道,在一开始,我不知道为什么这样,但是这样真的管用,你提到有意识的教学策略。我觉得这样对我来说管用。

(25 ST: I explain to them that's Robo-Student, and I read it back to them as Teacher, and they all laugh and chuckle and then they, you know, I'll get a couple of the other students who I can … I know who are using more intonation … and they'll give an example … and I'll really overemphasize it, "How are you doing today?" you know, and I'll, I'll really get into the intonation but when I catch them being monotone (snaps fingers) immediately it kinda triggers something in me that that's not the way we speak so, I mean, intonation's always been kind of big for me. I even sense, you know, just the beginning here so, I don't know why that is but it just seems to work and you said making a conscious, kind a teaching strategy out of it. I think it'll work … really well for me.)

(数据来源:作者)

这个对话互动展示的是 TE 和 ST 之间有礼貌的、有意义的思想交换,结果是 ST 对课堂上真实发生了什么有更加明确的认识。这种增长的意识最终使他改变了教学立场。一开始,他并没有意识到他所使用的特殊技术,他使用这个技术减少教材中人为的语言和"真实生活"语言的差距。在话轮5,他说他不怎么"关注那个问题"。当 TE 指出(话轮8)他事实上是在使用重音这个策略来缩小差距,他说这个策略"不是有意为之"(话轮9)。TE 并没有因此而放弃,他举了另一个例子,并暗示说他使用重音作为一种有意识的策略(话轮 14—20)。然后,突然,就好像突然得到了自我启示,ST 能够意识到自己的认识和课堂真实发生的事情之间的差距。他现在能够意识到并承认他一直做的事情:"对我来说重音一直很重要"(话轮 25)。这个启示给予他的身份认同、声音、自信:"我觉得这样对我来说管用"(话轮 25)。

这个片段清楚地展示了当 ST 进行了察里形式的观察,并可以合理地控制自己所教的内容和方式,他们就有机会发现自己的身份、表达自己的观点。这种形式的观察也为 TE 提供机会,更好地理解 ST 的话语,反过来更好地了解自己的教学观念的局限和潜力。这种观察展示了,人们有可能通过重新审视自己的教学理念,对自己产生新的看法。这也能帮我们更好地理解观察和求知的关系。诚然,这种观察形式无法排除 ST 和 TE 之间权利不对等的干扰。但是,它确实允许对话者达到巴赫汀称之为"响应式理解"的层面。

6.5 结束语

本章开始,我简要介绍了观察这个概念的哲学基础,借用自凯文贝克的理论。我们知道我们都习惯于看,而不是观察,至少有三种观察形式:**察表**、**察变**和**察里**。我们也知道**察里**是更高级别的观察,它带有批判性地结合了观察和求知,帮助我们在概念知识和感觉知识之间建立新的联系。然后我提到了三种课堂观察方法——互动法、话语法、批评法,并把第三类从批判性课堂话语分析的角度加以拓展。我将三类观察法和三种观察形式联系起来,我推测互动法和**察表**,话语法和**察变**,批评法和**察里**之间可能存在联系。真正了解课堂就必须用**察里**形式来观察课堂。

接下来,我详细阐述了需要考虑至少三个互相联系的课堂参与者或活动的观点:学习者观点,它认为学习者是学习和教学的重要组成;教师观点,它承认教师权威、教师与学生关系的不对等性;观察者观点,承认观察者能够对语言课堂给出宝贵意见。之后,我提供了方法上的操作程序和例子,告诉人们如何进行**察里**形式的观察——一个例子出自师生互动环境,另一个例子出自教师教育者和实习教师的对话。这些例子展示了**察里**形式的观察能够帮助参与者建立观察和求知之间的联系。我着重讲了,考虑到观察课堂的重要性,教师教育项目有责任介绍给学生课堂观察的框架,并且提供新的机会和程序,让他们能够清楚、有创造力地观察课堂。

快速读者反应

快速回答以下问题。分成小组,和组内成员分享并讨论你的想法。

1. 你从本章中学到的重点是什么？
2. 你在本章中还有什么问题没有找到答案？
3. 你在本章中发现了什么惊人的想法或概念？
4. 你没有完全理解的术语或者概念是什么？

反思任务

任务6.1 学习者比喻

6.1.1 罗德·埃利斯（Rod Ellis 2001）从二语习得文献中编撰了几种隐喻，用来形容学习者的角色。我在本章中介绍了七种隐喻：学习者是容器、机器、协商者、问题解决者、建造者、投资者、斗争者。回到原文中阅读每种隐喻的简要描述。

6.1.2 回忆你上学的日子。哪种隐喻（也可能有多于一种隐喻）最能描述学生时的你？想几个具体的例子，展示你的学习者的行为和你自己选的隐喻一致的地方。

6.1.3 你认为这些和你相关的隐喻多大程度上影响了你和你老师对于你课堂行为的期望？

6.1.4 在你看来，了解这些关于学习者的隐喻是好还是坏？为什么？

任务6.2 教师隐喻

6.2.1 法雷尔（Farrell 2011）已经给出了三个主要的教师身份集合：作为管理者的教师、作为文化移入者的教师、作为专业人员的教师，每一类中又有几个子类。回到原文中阅读每种比喻的简要描述。

6.2.2 如果你是一线教师，你愿意把自己描述成管理者、文化移入者、还是专业人员（你也可以选择多种身份）？如果你是实习教师，想想几位你的老师，你愿意怎样描述他们？

6.2.3 你认为这些和你（或你的老师）相关的隐喻多大程度上影响了你（或你老师）对于教学行为的期望？

6.2.4 在你看来，了解这些关于教师的隐喻是好还是坏？为什么？

任务6.3 观察，什么？

6.3.1 在本章中，我们探讨了**察表**、**察变**、**察里**三类观察形式。这些形式对于你个人来讲意味着什么？

6.3.2 基于你做过的课堂观察,你怎样描述自己的观察形式?

6.3.3 你所参与的教师教育项目专注哪种观察形式?你是怎么知道的?

6.3.4 你是否同意**察里**是最佳的观察形式?为什么?

任务 6.4 观察,为什么?

6.4.1 本章(引自 Orland-Barak & Leshem 2009)中提到的一位实习教师曾经说过"我们已经上过 12 年学了,现在我们又回到学校,感觉一切都那么熟悉,没有什么变化……"反思这段话。

6.4.2 当你作为实习教师,被要求观察课堂的时候,是否有类似的或不同的经历?解释一下原因。

6.4.3 当你的教师教育者、老教师、或合作教师要求你观察课堂的时候,到底是什么对你来说已经"熟悉"了?

6.4.4 当你的教师教育者、老教师、或合作教师要求你观察课堂的时候,你是否在原有的知识库中添加了新的东西?如果有,是什么呢?

探索课题

课题 6.1 通过观察来学习

本课题旨在帮助你描述出观察课堂的收获,你可以观察自己的、教师教育者的、老教师的、合作教师、同事的课堂。

6.1.1 如果你是一线教师,安排为你的一节课录像,然后请你的一位同事当观察者。如果你是实习教师,观察并录像(事先得到许可)你的教师教育者、老教师、合作教师或者同学的一节课。试着遵循本章中列出的三层观察步骤(前观察、观察、后观察)。

6.1.2 关注(1)输入(既教师谈话和学习者谈话);(2)互动(既话轮转换、话轮给予技巧、互动内容和风格);(3)教师和学习者用来挖掘课堂潜力的策略。选择几个能够展示教师创造(或错失)学习机会的片段。

6.1.3 把所选的片段展示给参与其中的学习者,也展示给观察者。问问他们认为在这些片段中到底发生了什么。

6.1.4 找出三种视角(学习者、教师、观察者)的相似和不同之处。

6.1.5 你怎样解释你在这三种视角中发现的不同?

6.1.6 你怎样描述你的观察分析:**察表**、**察变**、**察里**,或者三种的组合?

6.1.7 为你的观察写一个简短的报告。如果你愿意,使用下面的内容来启发你的写作过程(Orland-Barak & Leshem 2009:24):

我很惊讶地发现……我学习到……
我已经改变了自己对……的看法,因为……
我发现……强化了……因此……
我想起了……那让我想到……

6.1.8 反思,并简要写写你通过做这个项目学习到了什么。

第七章 (重)建模块模型

> 人类的心智总是不断向前,改变视角、扩大思考内容,这些改变的结果就是淘汰过去的思维方式,或者保留、延伸、修改、或隐或显地改变其价值观。
>
> (Sri Aurobindo,1939/2001:131)

7.0 引言

在全球化的世界,语言教师和教师教育者应该向前发展、改变视角、扩大思考内容、淘汰一些过去的思维方式。这项任务看似艰难,却并非难事。那么语言教师和教师教育者应该怎么做才能做到这一点呢?本章即将呈现的模块模型就试图回答这个问题,我们认为:教师需要了解(1)怎样建立可行的专业、个人、程序知识库;(2)怎样探究学习者的需求、动机、自主性;(3)怎样认识自己的身份、信仰、价值观;(4)怎样进行正确的教学、理论化、对话;(5)怎样通过思考学习者、教师、观察者对课堂活动的看法,认识自己的教学行为。此外,教师教育者也有责任创造必要的条件,使教师了解、分析、认识、实践,以及观察学习、教学、教师发展的因素。

基于特殊性、实用性、可能性的原则,以人文社科中的全球研究中出现的后民族、后现代、后殖民、后传播、后方法观点为支撑,模块模型展示了一个全球化社会中综合而全面的语言教师教育框架。在结论部分,我反思了为语言教师教育设计语境敏感模型的前景和问题。我首先会简要介绍模型和模块的性质,避免可能出现的对术语使用的误解。然后我将考虑如何设计和实现一个兼顾本地状况和全球需求的模型。我也将在本章(其实也是本书)结尾之前思考任何创新型的教育努力所面临的改变问题。

7.1 模型与模块

我冒险把自己的语言教师教育框架称为**模块模型**,因此结合了两个在不同的学科中有不同的解释的概念。自然科学、物理科学、社会科学中,建立模型是十分普遍的做法。这些领域的大多数模型都争取有预测性或已经具有预测性,使用数学、统计学或计算对数。由于模型和建模方法的多样性,人们对于什么是模型、怎样设计模型、我们从中学习什么,几乎没有统一的看法。我发现查尔斯·莱夫(Charles Lave)和詹姆斯·马奇(James March)所写的畅销教材《社会科学模型入门》(*An Introduction to Models in the Social Sciences*)中对模型的描述很有用。他们说道,"模型"

> 是真实世界的简化图像。它具备真实世界的一些特征,但并不具备所有特征。它是关于世界的一系列相互联系的猜想。和所有的图像一样,模型比它要代表或解释的现象更简单。
>
> (1993:3)

我们很难,其实是不可能,全面把握复杂的世界,因此模型就永远都是世界的简化表现。在教育方面尤其如此,任何调查研究都无法齐整地控制诸多的环境因素、参与者、变量,甚至教育研究本身都显得不那么科学。

我不会过分夸大我所提出的模块模型的本质是多么的科学严谨;但是,它的特征就是科学性,需要强有力的推理逻辑。其结果就是解释性的概念模型,旨在解释语言教师教育世界的所有复杂性和多维性。概念模型的关键就是解释。只要思维严谨,解释并不需要科学性。这就是我们从文化人类学家克利福德·格尔茨(Clifford Geertz)学到的。他责备其他的人类学家,假装自己是核心科学家。他说,"社会科学家"

> 并不需要模仿物理学家或者闭门造车的人类学者,也不必创造什么新的存在领域来充当自己的调查对象。相反,他们可以继续自己的事业,在集体生活中发现规律,并在自己做了些事之后决定怎么把自己做的事情和相关事业联系起来;很多人本质是都是解释学派的,如果这个词有危言耸听的意味,那么就想想对圣经有狂热爱好的人、文学骗子、条顿语教授的形象,都是用"解释的方法"完成任务。
>
> (1983:21)

发现集体生活的秩序,或者发现**相联系的形式**,使用和另外一位人类学家格雷戈里·贝特森(Gregory Bateson)类似的词语,就是我一直努力做的事情。我已经收集了教育和英语教育专业文献中的观点,并把这些分散的有差异的观点加以整合。我已经把这些观点归纳成五部分——知、析、识、行、察。我把这些组成部分称为:模块。

模块一词,和**模型**一词类似,应用在很多学科上。在《社会结构的逻辑》(*The Logics of Social Structure*)一书中,社会学家克提亚克斯·康多波勒斯

(Kytiakos Kontopoulos)给模块和模块化下了定义。他认为,模块化就是

> 一个准系统,能够(1)具有封闭性,我们可以认为它独立于,或者至少半独立于环境(半封闭)运行;(2)我们认为这个系统是更大的半封闭系统的模块组成,而且更大的系统自己可能已经具备封闭性,以此类推。
>
> (1993:32)

换句话说,模块既是独立的又是相互依赖的成分(或子系统),一些模块还可以组合成更高级的模型,同时更高级的模型也是更大的独立且相依存的系统。子系统和更大的系统都在一个层面上自我维持,同时在另一个层面上相互依赖。

为了联系模块化概念和本书中所展示的模型,请注意五个模块中的每一个模块——知、析、识、行、察——包含着子系统,和其他一起形成更大的系统,也就是语言教师教育的模型。每一个模块都既独立又相互依赖。独立是因为每个模块都具有独立的目标和预期结果。依赖是因为每个模块都影响其他模块,同时也受其他模块的影响。每个模块都有明确的功能,同时又通过依赖其他模块而维持自己。因此,这个模型是互相加强同时又互相约束的子系统的网络。

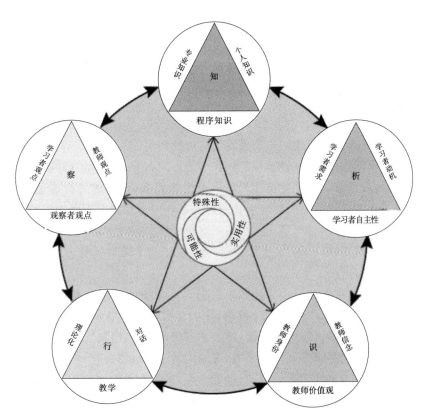

从概念的角度看，这个模型代表了动态的模块网络，这些模块之间存在复杂的相互作用。模型的中心是建立合作关系的过程，在这里整体大于个体的总和。也就是说，它们通过合作产生的经验和结果，是任何一个单独运作都无法得到的。从实际考虑，模型的动态性使它十分灵活，可以帮助现在和未来的可能遇见的无数教育和学习需求和环境中的挑战。因此，本模型的核心就是展示了一条道路，向当地从业者传播建立起对环境敏感的模型的方法。

7.2 设计和传播

我们应该时刻告诫自己，这里展示的模块模型不过是发展对环境敏感的语言教师教育项目的框架骨骼而已。应该由当地从业者，考虑当地的历史、政治、社会、教育、体制的具体情况，为框架骨骼加上血肉，使其最好地为当地需求、需要、情况服务。在设计和传播的过程中，当地从业者使用模型的基本要素，指引自己构思和构建相关的语言教师教育项目。他们也可以把它当成指南针，明确过去的经历、现在的定位和未来的方向。

为了在设计环境敏感的项目的过程中不至于迷失方向，我们应该时刻牢记模块模型的基本原则。首先，模型承认知识和知识发展都不会是整齐、独立的，而是存在于无形的、错综复杂的模块中。这意味着，如果我们仔细研究模型的基本要素，我们就需要远离传统的具体的、以内容为主的课程设计方式，尽量学习设计整体的、以过程为主的模块。目前，正如在第一章提到的，很多语言教师教育项目，几乎无一例外的，都提供了一系列语言结构、学习理论、教学方法、课程发展、测试技巧的独立课程。如果想要远离这种传统的方法，我们就不应该像某些教师教育项目那样，仅仅拼凑几门语言学的入门课程，然后就自欺欺人地说这些课程是"语言模块"，或者整合几门二语习得的相关课程，然后就说这是"学习模块"，等等。真正的模块模型要求我们跨越这些因为后勤因素而非逻辑因素而产生的人为边界，从知、析、识、行、察的角度构建模块。比如，知识模块应该综合关注习得关于语言结构、语言习得、语言教学方法、课堂交际等方面的专业、个人、程序知识的过程。

然而，模块模型的另一个原则要求我们远离传统的教师教育项目中关注入口点和出口点的单一、线性方式。目前，在大多数教师教育项目中，实习教师从学习语言和语言学的入门课程开始，继续学习流水线上几门其他课程，然后最终在实习期学习一门高级课程。换言之，是有一个入口点和一个出口点。模块模型设想有多重入口点和多重出口点，也就是说，某一个教师教育项目可以依据实习教师和一线教师的需求、需要、能力，分别以某一个模块开始和结束。

除了以上两个基本的原则，前面的章节都已经讨论和展示过模块模型的要素了。不过，还有一个问题：如果想为语言教师教育设计和传播对环境敏感的模块模型，到底该遵循怎样的步骤和策略呢？确实有一些资源可能会给你灵感。我觉得这个有趣的资源很有用，强烈推荐给感兴趣的读者：艾迪欧（Ideo）。它是一个获奖的国际设计公司，采取"以人为本的方法"，帮助公开和私下的组织和个人创新和成长。该公司在**设计思想**方面是领先者，开创了设计过程和实践的新观点。设计思想

> 是一种思维模式。思想就如同设计者一样，如果为未来想象和发明了新的解决办法，就能够改变你看世界的方式：意识到周遭的世界、相信你可以影响世界、向着理想中的未来行动。

设计思想可以用在很多领域（比如，艺术和科学）也可以用在很多层面上（如，宏观和微观层面）。

为了具体地帮助教育者，这家公司公开了一份免费下载的数码工具包，名为《为教育者设计思想》(*Design Thinking for Educators*)（Ideo 2011，第一版，2011 年 4 月。所有和设计思想相关的引用，包括上面一条，都来自这个新的工具包；详细信息请访问 www.ideo.com）。在工具包中，该公司承认"教育者面临的挑战是真实、复杂、多样的。正因此，他们需要新的视角、新的工具、新的方法"。于是，它为教育者提供实际的技巧，帮助他们提升设计的技能。

设计过程基本上有五个阶段，从识别挑战到发现和创建解决方法。他们是：

- 发现（为思想构建坚实的基础，开拓新的机会）；
- 解释（找到观察对象的意义，并将其转化成行动机会）；
- 构思（集思广益寻找创意，激发有用的想法）；
- 实验（把想法具体化，并构建粗略的原型）；
- 发展（计划下面的步骤，记录过程）。

每一阶段可以分成几个技能，而这些技能又可以再分为子技能。这个工具包指出，设计过程在团队中达到最佳效果，需要团队在每一步骤都停下来，反思、分析、评估、再思考，进而发展。

我借用了工具包中的大概想法，试图把它们和为语言教师教育设计环境敏感的模块模型相联系。随之而来的并不是全面的设计程序；因此，最好访问艾迪欧的网站获取更多细节。为了给出集中的解释，我为感兴趣的语言教师教育者介绍下面的步骤。这些步骤采用祈使句表述，只是想展示他们的运作特征，而不是传达任何规范的特质。在发现这个第一阶段，我们的目标是为思想构建坚实的基础。在自己的学校里，召集感兴趣的教师教育者组成非正式的兴趣小组，如

果可能的话,营造跨校合作的氛围。在团队中,共享对现行的教师教育项目的优势和缺点的看法,从而明确和了解挑战是什么,而本书中提到的模块模型,可能给你提供新的机会。此阶段的结果可能只是很多问题,质疑现在做的事情,提出应该做些什么。

第二阶段——解释——的目的是从行动的角度思考,发现分享和观察到的东西的意义和结果。仔细研究五个模块——知、析、识、行、察——为每个模块找到主题和话题,从而解读研究结果(有些在相关章节已经探讨过)。例如,关于知识模块,可能的讨论或决策点就是:考虑到和团队成员服务的学校和实习教师团体相关的资源和限制条件,发展未来教师的个人知识的重要性怎样能够转化成可实践的命题?此阶段可能得出的结果就是得出机会结构,包含进一步行动的想法。

在接下来的构思阶段,把提到的一些可行动的想法和模块的任何一个方面联系起来,进一步思考,从而缩小有希望的想法的范围。基于此,不断改进想法。快速做一个可行性检查,看看哪些有希望的想法可以转化成为行动计划。比如,回到知识模块的个人知识部分,我们知道教师的个人知识包含批判性识别、反思、回顾、重建自己的身份、信仰、价值观的能力(见第1章和第4章)。如果真是如此,什么样的行动计划能够帮助学生发展这样的能力呢?本阶段的结果可能是设计试验性的任务、活动、项目,从而激活实习教师的解决问题能力和实际推理能力。

第四阶段——试验——不应该被误解为高度复杂的、控制变量的科学研究。在我们看来,它仅仅是把一些行动计划组合在一起,建立粗略的任务、活动、项目的雏形,以备小规模测验。其主要目的是获得有意义和有用的反馈。引用艾迪欧网站上面的话,实验部分"创建了尝试新东西的真实空间。它允许你失败,从错误中学习,因为你有新的想法、获得反馈、然后重复这个过程。"那么团队就要为提供反馈识别可靠的信息、管理任务和活动、收集有用的反馈。为了有效进行这一切,我们有必要创建集中的、具体的问题,好让调查对象仔细思考,回答问题。此阶段的结果就是实验可能提供给团队一系列具体的学习机会。

第五也就是最后的阶段——发展——旨在记录过程和发展,并用在更进一步的决策上。具体说,这个阶段包含整合收集到的反馈、定义成功或失败、积累经验。它可能导致重新回顾和规划一部分设计过程和步骤,才能满足团队和其他相关方的期望。最后,它包含确定下一步该做些什么,才能传播和实现经过测试和核实的想法。

语言教师教育的设计过程五阶段需要在学校氛围中以合作的方式开展持续的对话和建设性评价(比较第五章学习对话)。艾迪欧教育者工具包的研发者们

警告说,设计思考

看似很简单,但是我们应该了解一个重要的方面:它的真正价值在于结合了有形的解决问题和抽象的思考。第一阶段的具体观察,如果你从主题和见解的角度看,其实是抽象的。只有你了解其意义和方向你才能发展有形的解决方式。

为了发展有形的解决方法,并把它们以有意义的方式组合在一起,从而设计环境敏感的模块模型,语言教师教育者们需要特别注意特殊性、实用性、可能性的支配原则(对比:第一章)。当地的环境因素会决定语言教师教育的目标和内容,语言教师教育也会影响模型的轮廓。所以,并不存在包罗万象的模块模型,能够统领全局,只等中心权威去发号施令,外围参与者去执行。任何这种中心化的尝试都注定是徒劳。正如前面提到的,本章和前面的其他章节都只是提供粗略的指导方针、宽泛的路线图,引导人们设计环境敏感的模型。最终,是由当地的从业者来接受挑战、建立适合实际情况的模型、改变现行的语言教师教育方法。

7.3 挑战与改变

因为任务的数量和难度都不小,人们很容易产生抵触情绪,不愿改变。如果教师和教师教育者几乎没有什么动机来持续以批判性的态度审视大大小小的问题,那么改变则显得尤为艰难。在这样的环境中,几乎没有什么彻底的思考和决策的空间。此外,很多情况下,改变会产生无法承受的焦虑,特别是如果它打乱计划、没有稳健、快速地达到预期的效果的时候。

尽管有所有这些正当的非正当的阻碍改变的理由,设计思考,正如研发者告诉教育者的,基于"我们都能够创造改变的基本信仰——无论问题多大、时间多短、预算多小"。

这种乐观的想法来自设计思想的主意,因为它支持一群为了共同的目标、不畏失败尝试新事物的人采取小的、易于管理的步骤。他们将会从失败中学习,直到达到目标为止。这里倡导的环境敏感的模块模型把权力交给了当地的从业者,因为是他们在创建当地知识和工作经验所需的模型。

我们不应该把教师和教师教育者当做无助的观众,不应该认为他们只是让别人为自己做决定,我们应该认识到他们不断地起到改变的作用,无论他们知道不知道、承认不承认,这才是有益的。他们持续地发挥着能动性,履行作为实践和探究团体的成员的职责(详见第 5 章)。他们不断地参与到个人和专业改革的项目中。正如一份教师经历的深度调查显示,常有教师谈论剧烈的个人改变,他们会使用一些诸如"一夜之间就发生了"或者"灯一下子就亮了"之类的表达。在教师的生涯中,这样的变化会在任何时候出现。一位教师谈道,在她开始执教几个月后就发生了一次个人改变,另一个教师在执教几年以后发生改变,第三位教了八年才有变化。

(Senior 2006:67)

我们都在不断追求进步的过程中。改变是必须的。正如我在其他地方说过:

如果我们允许自己被遥远的闪亮的星星指引,而不是昏暗的路灯,如果我们不因为容易掌控和测量的东西阻挡脚步,如果我们乐意在疑惑、不确定性上花费心血,那么改变就不再繁重,而成为我们渴望的东西。

(Kumaravadivelu 2006:226)

7.4 结束语和开场白

在我写本书的最后几句话时,我在寻求读者的宽容,因为我希望沉浸在思考中。从本书的第一章的开始,我引用了法国哲学家米歇尔·赛瑞斯(Michel Serres)的话,他以极其优美的语言提醒我们,"大量的砖瓦并不是房屋;我们需要法则、系统和集合"(2004:2)。我用了整整一本书的笔墨,就是为了收集在相关领域的专业文献中散落的砖瓦,用它们来建造房屋。我用支配原则(特殊性、实用性、可能性)打地基,用全球眼光(后国家、后现代、后殖民、后传播和后方法)建主干结构,用相互联系的模块(知、析、识、行、察)建造整个建筑,我遵循约翰·杜威(John Dewey)和保罗·弗莱雷(Paulo Friere)的哲学思考、米歇尔·福柯(Michel Foucault)和皮埃尔·布迪厄(Pierre Bourdieu)的后结构主义理论、爱德华·萨义德(Edward Said)和斯皮瓦克(Gayatri Spivak)的后殖民批评。教育和英语教育领域的无数学者的教学法观点为我提供了强大的支持。

在很多方面,我在本书中展示的模块模型仅仅是还在发展中的工作。因此,从传统的角度看,不会有终止;只可能是开始。我很希望这本书将会开辟新的道路,促进教师

超越理论和研究——找到新的教育范例、模型、方法——同时直接面对真正重要的:课堂教学和学习。

(Luke 2006:2)

我认为教师教育者有责任超越局限,为教师创造必要的条件,他们才能够从更深更广的角度求知、分析、识别、行动、观察学习和教学。我也相信像这里展示的模型要素会帮助实习教师成为策略思考者和行动者。它会帮助他们发展对课堂情

况的整体理解,最终,他们会建立自己的行动理论。这个模型结合了个人、专业、政治、教法,因为它们都是互相联系的。帮助教师看到"相联系的模式"是教师教育的首要任务。对于教师教育者而言,开展任务不仅仅是一个选项;它其实是一份责任。

作为我职业责任的一部分,我相信自己一直在尝试践行这样一个教学假设"解放教育是认知的行动,而非信息的传递"(Freire 1972:60)。我的认知行动——我的学术探索——的动力源泉就是希望能超越传统思考支撑的舒适区域。这种动机已经反映在我的后方法教学法工作上,它试图指引在职和未来教师不再依赖教学法,实现教学方法的独立(Kumaravadivelu 2003b,2006b)。正是这种动机,反映在我对文化现实主义的研究上,试图将文化教育远离肤浅的饮食、时尚、节日,而去接近全球文化意识,这种意识回应了文化全球化过程中出现的政治、宗教、文化冲突(Kumaravadivelu 2008)。正是这种动机,我相信,反映在我现在对模式模型要素的研究上,努力使语言教师教育远离孤立的、看重结果的、传递为导向的方法所带来的风险,接近整体的、看重过程的、以转换为导向的教学和教师教育方法。

我一直坚信我们应该让认知行动自信地寻找想要的结果,而不是舒适地安于能力所及的范围。无论是在人文还是科学技术领域,所有真正的创新都从向往的目标开始,然后就是想办法把理想转化为行动,可行的行动。如果我们只盯着可行的事情,我们就无法实现目标。但是恰恰是反方向的从目标走向行动,才得出真正的知识、人类的真正进步。教育创新的路途也不过如此。

我也一直坚信改变,积极的改变,来自人们向往的认知活动。它不仅可能发生,而且必然会发生。历史告诉我们,改变**一定**会来到——"只待时机成熟时。"在这种想法的鼓励下,受我们常常引用的欧玛尔·海亚姆(Omar Khayyam)的诗句启发,我继续前行:

> 指尖微动,写下生动的语言,
> 虔诚才智,都不能把你阻拦,
> 只言片语,也要留在这画卷,
> 泪光点点,洗不去美好诗篇。

参考文献

Allwright, D. (1981). What do we want teaching materials for? *ELT Journal*, 36 (1), 5—19.

——(1986). "Making sense of instruction: What's the problem?" *Papers in Applied Linguistics-Michigan* 1, 1—10.

——(1991). The death of the method. *Working Paper # 10*. The Exploratory Practice Centre, The University of Lancaster, UK.

——(2003). Exploratory Practice: rethinking practitioner research in language teaching. *Language Teaching Research*, 7, 113—41.

——(2005). From teaching points to learning opportunities and beyond. *TESOL Quarterly*, 39 (1), 9—31.

Aronowitz, S. (2009). Foreword. In S. L. Macrine (ed.) *Critical Pedagogy in Uncertain Times* (pp. ix—xi). London: Palgrave/Macmillan.

Argyris, C. (1992). *On Organizational Learning*. Cambridge, MA: Blackwell Publishers.

Atay, D. (2004). Collaborative dialogue with student teachers as a follow-up to teacher inservice education and training. *Language Teaching Research*. 2, 143—63.

Atay, D. & Ece, A. (2009). Multiple identities as reflected in English language education: The Turkish perspective. *Journal of Language, Identity, and Education*. 8: 21—34.

Au, S. Y. (1988). A critical appraisal of Gardner's social-psychological theory of second language (L2) learning. *Language Learning*, 38, 75—100.

Auerbach, E. (1992). *Making Meaning, Making Change: Participatory Curriculum Development for Adult ESL Literacy*. McHenry, IL: Delta Systems, Inc.

Bakhtin, M. (1981). *The Dialogic Imagination* (Trans. C. Emerson and M. Holquist). Austin: University of Texas Press.

Barkhuizen, G. (1998). Discovering learners' perceptions of ESL classroom teaching/learning activities in a South African context. *TESOL Quarterly*, 32 (1), 85—108.

——(2009). Topics, aims, and constraints in English teacher research: A Chinese case study. *TESOL Quarterly* 43.1, 113—25.

Barkhuizen, G. & Wette, R. (2008). Narrative frames for investigating the experiences of language teachers. *System* 36: 372—87.

Bartels, N. (2005). *Applied linguistics and language teacher education*. New York: Springer.

——(2006). *The Construct of Cognition in Second Language Teacher Education and Development*. Giessen: Giessener Elektronische Bibliothek.

Bartolome, L. I. (1994). Beyond the methods fetish: Toward a humanizing pedagogy. *Harvard Educational Review* 64, 173—94.

Basturkmen, H., Loewen, S., & Ellis, R. (2004). Teachers' stated beliefs about incidental focus on form and their classroom practices. *Applied Linguistics*, 25(2), 243—72.

Benesch, S. (2001). *Critical English for academic purposes: Theory, politics, and practice*. New Jersey: Lawrence Erlbaum.

Benson, P. (1997). The philosophy and politics of learner autonomy. In P. Benson and P. Voller (eds.) *Autonomy and Independence in Language Learning*. (pp. 18 — 34). London: Longman.

——(2006). Autonomy in language teaching and learning. *Language Teaching*, 40, 21—40.

Bereiter, C., & Scardamalia, M (1993). *Surpassing Ourselves—An inquiry into the Nature and Implications of Expertise*. Illinois: Open Court.

Bialystok, E. (2002). Cognitive processes of L2 user. In V. J. Cook (ed.) *Portaits of the L2 user* (pp. 145—65). Clevedon: Multilingual Matters.

Block, D. (1994). A Day in the life of class: Teachers/learner perceptions of task purpose in conflict. *System*, 22 (4), 473—86.

——(2000). Problematizing interview data: Voices in the mind's machine. *TESOL Quarterly*, 34 (4), 757—63.

Borg, M. (2001). Teacher belief. *ELT Journal*, 55 (2), 186—88.

Borg, S. (2006). *Teacher Cognition and Language Education*. London: Continuum.

—— (2007). Research engagement in English language teaching. *Teaching and Teacher Education*, 23 (5), 731—47.

——(2009). English language teachers' conceptions of research. *Applied Linguistics*, 30 (3), 355—88.

Bourdieu, P., Passeron, J., & Martin, M. (1994). *Academic Discourse: Linguistic Misunderstanding and Professional Power*. Cambridge: Polity Press.

Boyles, D. R. (2006). Dewey's epistemology: An argument for warranted assertions, knowing, and meaningful classroom practice. *Educational Theory*, 56 (1), 57—68.

Brandt, C. (2007). Allowing for practice: a critical issue in TESOL teacher preparation. *ELT Journal*, 60 (4), 355—64.

Breen, M. P. (1991). Understanding the language teacher. In R. Phillipson, E. Kellerman, L. Selinker, M. Sharwood Smith & M. Swain (eds.) *Foreign/Second Language Pedagogy Research*. (pp. 213—33). Clevedon, UK: Multilingual Matters.

——(2001). Overt participation and covert acquisition in the language classroom. In M. P. Breen (ed.) *Learner Contributions to Language Learning*. (pp. 112—40). New York: Pearson Education.

Breen, M. P., Hird, B., Milton, M., Oliver, R., & Thwaite, A. (2001). Making sense of language teaching: Teachers' principles and classroom practices. *Applied Linguistics*, 22 (4), 470—501.

Brindley, G. (1984). *Needs Analysis and Objective Setting in the Adult Migrant Education Program*. Sydney: Adult Migrant Education Service.

Brumfit, C. (2001). *Individual Freedom in Language Teaching*. Oxford: Oxford University Press.

Butler, J. (1990). *Gender Trouble: Feminism and the Subversion of Identity*. New York: Routledge.

Canagarajah, S. (1999). *Resisting Linguistic Imperialism in English Teaching*. Oxford: Oxford University Press.

Chihara, T. & Oller, J. W. (1978). Attitudes and attained proficiency in EFL: A sociolinguistic study of adult Japanese speakers. *Language Learning*, 28, 55—68.

Chirkov, V. (2009). A cross-cultural analysis of autonomy in Education: A self-determination theory perspective. *Theory and Research in Education*, 7 (2), 253—62.

Cilliers, P. (1998). *Complexity & Postmodernism*. London: Routledge.

Clandinin, D. J. (1992). Narrative and story in teacher education. In T. Russell & H. Munby (eds.) *Teachers and Teaching: From Classroom to Reflection*. (pp. 124—37). London: Falmer Press.

Clandinin, D. J. & Connelly, F. M. (1987). *Narrative Experience and the Study of Curriculum*. Washington, D. C.: The American Association of Colleges for Teacher Education.

——(2000). *Narrative Inquiry: Experience and Story in Qualitative Research*. Jossey-Bass, San Francisco.

Clarke, M. A. (2003). *A Place to Stand: Essays for Educators in Troubled Times*. Ann Arbor: University of Michigan Press.

——(2007). *Common Ground, Contested Territory: English Language Teaching in Troubled Times*. Ann Arbor, MI.: University of Michigan Press.

Cochran-Smith, M. and Zeichner, K. M. (eds.). (2005). *Studying Teacher Education*. Washington, D. C.: American Educational Research Association, and Mahwah, New Jersey: Lawrence Erlbaum.

Coetzee-Van Rooy, S. (2006). Integrativeness: Untenable for world Englishes learners. *World Englishes*, 25, 437—50.

Coleman, H. (1996). Autonomy and ideology in the English language classroom. In H. Coleman (ed.) *Society and the Language Classroom*. (pp. 1—15). Cambridge: Cambridge

University Press.

Colnerud, G. (2006). Teacher ethics as a research problem: syntheses achieved and new issues. *Teachers and Teaching: theory and practice*, 12 (3), 365—85.

Connelly, F. M. & Clandinin, D. J. (1990). Stories of experience and narrative inquiry. *Educational Researcher*, 19 (2), 1—14.

Corder, S. P. (1967). The significance of learners' errors. *International Review of Applied Linguistics*, 5, 161—70.

Cosh, J. (1999). Peer observation: a reflective model. *ELT Journal*, 53 (1), 22—27.

Crabbe, D. (2003). The quality of language learning opportunities. *TESOL Quarterly*, 37 (1), 9—34.

Crandall, J. (2000) Language teacher education. *Annual Review of Applied Linguistics*, 20, 34—250.

Crookes, G. (2003). *A Practicum in TESOL*. Cambridge: Cambridge University Press.

——(2009). *Values, Philosophies, and Beliefs in TESOL*. Cambridge: Cambridge University Press.

Crookes, G. & Chandler, P. (1999). *Introducing action research into post-secondary foreign language teacher education* (NFLRC NetWork #10). Honolulu: University of Hawai'i, Second Language Teaching & Curriculum Center.

Crystal, D. (1997). *English as a Global Language*. Cambridge: Cambridge University Press.

Dam, L. (2007). Teacher Education Teacher education for learner autonomy. *Independence* (42). IATEFL Learner Autonomy SIG.

De Lissovoy, N. (2009). Toward a critical pedagogy of the global. In S. L. Macrine (ed.) *Critical Pedagogy in Uncertain Times*. (pp. 189—205). London: Palgrave/Macmillan.

Deci, E. L. , & Ryan, R. M. (1985). *Intrinsic motivation and self-determination in human behavior*. New York: Plenum.

——(2000). The "What" and "Why" of goal pursuits: Human needs and the self-determination of behavior. *Psychological Inquiry*, 11 (4), 227—68.

——(2008). Self Determination Theory Overview. Retrieved Sept. 18, 2008 from http://www.psych.rochester.edu/SDT/theory.html

Design Thinking for Educators. (2011). www.ideo.com.

Dewey, J. & Bentley, A. (1949). *Knowing and the Known*. Boston: Beacon Press.

Dewey, J. (1916). Introduction to *Essays in Experimental Logic*. In J. Boydstone (ed.) *The Middle Works* (1899—1924). Carbondale: Southern Illinois University Press.

Dewey, J (1922). *Human Nature and Conduct*. New York: Henry Holt & Co.

——(1933). *How We Think*. Boston: D. C. Heath.

Diamond, C. T. P. (1993). In-service education as something more: A personal construct approach. In P. Kahaney, L. Perry and J. Janangelo (eds.) *Theoretical and Critical*

Perspectives on Teacher Change. (pp. 45—66). Norwood: Ablex.

Dörnyei, Z. (2009). The L2 motivational system. In Z. Dörnyei &. E. Ushioda (eds.) *Motivation, Language Identity and L 2 Self.* (pp. 9—42). Bristol: Multilingual Matters.

Dörnyei, Z. , &. Ushioda, E. (eds.) (2009). *Motivation, Language Identity and L 2 Self.* Bristol: Multilingual Matters.

Doyle, W. (1986). Classroom management. In M. C. Wittrock (ed.) *Handbook of Research on Teaching* (3rd ed. ; pp. 392—431). New York: Macmillan.

——(1997). Heard any really good stories lately? A critique of the critics of narrative in educational research. *Teaching and Teacher Education*, 13(1), 93—99.

——(2006). Ecological approaches to classroom management. In C. M Evertson &. C. S. Weinstein (eds.) *Handbook of Classroom Management: Research, Practice, and Contemporary Issues* (pp. 97—125). Mahwah, NJ. : Lawrence Erlbaum.

Edge, J. (2001). (ed.) *Action Research.* Washington, D. C. : TESOL.

——(2002). *Continuing Cooperative Development.* Ann Arbor: University of Michigan Press.

——(2003). Imperial troopers and servants of the lord: A vision of TESOL for the 21st century. *TESOL Quarterly* 37 (4), 701—9.

——(2011). *The Reflexive Teacher Educator in TESOL.* New York: Routledge.

Elbaz, F. (1983). *Teacher thinking: A study of practical knowledge.* London: Croom Helm.

Elliott, A. (2009). Series Editor's Forward. In H. Ferguson, *Self-Identity and Everyday Life.* (pp. vii—x). New York: Routledge.

Elliott, J. (1991). *Action Research for Educational Change.* Buckingham: Open University Press.

——(1993). *Reconstructing Teacher Education: Teacher Development.* London: Falmer.

Ellis, R. (2001). The metaphorical constructions of second language learners. In M. P. Breen (ed.) *Learner Contributions to Language Learning.* (pp. 65—85). New York: Pearson Education.

——(2010). Second language acquisition, teacher education and language Pedagogy. *Language Teaching*, 43 (2), 182—201.

Emerson, R. W. (1903). *Essays.* Volumes 1—2. Boston: Houghton, Mifflin and Company.

Evertson, C. M. &. C. S. Weinstein (2006). Classroom management as a field of inquiry. In C. M. Evertson &. C. S. Weinstein (eds.) *Handbook of Classroom Management: Research, Practice, and Contemporary Issues.* (pp. 3—15). Mahwah, NJ. : Lawrence Erlbaum.

Evertson, C. M. &. C. S. Weinstein (eds.) (2006). *Handbook of Classroom Management: Research, Practice, and Contemporary Issues.* Mahwah, NJ. : Lawrence Erlbaum.

Exploratory Practice (n. d.) *Exploratory Practice website.* www. ling. lancs. ac. uk/groups/cirile/ EPCentre.

Fairclough, N. (1992). *Critical Language Awareness.* London: Longman.

——(1995). *Critical Discourse Analysis: The Critical Study of Language*. London: Longman.

Fanselow, J. 1977. Beyond "Rashomon"—conceptualizing and describing the teaching act. *TESOL Quarterly* 11 (1): 17—39.

——(1990). "Let's see": Contrasting conversations about teaching. In J. C. Richards & D. Nunan (eds.) *Second Language Teacher Education*. New York: Cambridge University Press.

Farrell, T. S. C. (2007). Failing the practicum: Narrowing the gap between expectations and reality with reflective practice. *TESOL Quarterly*, 41, 1, 193—201.

——(2008). Here's the Book, Go Teach the Class': ELT Practicum Support. *RELC Journal*, 39; 226.

——(2011). Exploring the professional role identities of experienced ESL teachers through reflective practice. *System* 39, 54—62.

Farrell, T. S. C. & Lim, P. C. (2005). Conceptions of Grammar Teaching: A case study of Teachers' Beliefs and Classroom Practices. *TESL-EJ*, 9 (2), 1—12.

Fenstermacher, G. D. (1979). A philosophical consideration of recent research on teacher effectiveness. *Review of Research in Education*, 6, 157—85.

——(1994). The Knower and the Known: The nature of Knowledge in research on teaching. *Review of Research in Education*, 20, pp. 3—56.

Ferguson, H. (2009). *Self-Identity and Everyday Life*. London: Routledge.

Fischman, G. E. (2009). Forword. In S. L. Macrine (ed.) *Critical Pedagogy in Uncertain Times*. (pp. 207—15). London: Palgrave/Macmillan.

Foucault, M. (1972). *The Archeology of Knowledge and the Discourse on Language*. (A. M. Sheridan Smith, Trans.). New York: Pantheon Books.

——(1980). *Power/Knowledge: Selected Interviews and Other Writings*. 1972—77. New York: Pantheon.

Freeman, D. (1998). *Doing Teacher Research*. New York: Heinle & Heinle.

——(1999). *Understanding Language Teaching*. Boston: Heinle & Heinle.

Freire, P. (1972). *Pedagogy of the Oppressed*. London: Penguin.

——(1989). *Education for the Critical Conscious*. New York: Continuum.

Gardner, R. C. (1985). *Social Psychological and Second Language Learning: The role of Attitudes and Motivation*. London: Edward Arnold.

Gardner, R. C. & Lambert, W. E. (1972). *Attitudes and Motivation in Second Language Learning*. Rowley, MA.: Newbury House.

Gardner, R. C. & MacIntyre, P. D. (1991). An instrumental motivation in language study: Who says it isn't effective? *Studies in Second Language Acquisition*, 13, 57—72.

Gardner, R. C., Day, J. B., & MacIntyre, P. D. (1992). Integrative motivation, induced anxiety, and language learning in a controlled environment. *Studies in Second Language Acquisition*, 14, 197—214.

Garton, S (2008). Teacher beliefs and interaction in the language classroom. In S. Garton, & K. Richards (eds.) *Professional Encounters in TESOL*. (pp. 67 – 86). London: Palgrave Macmillan.

Gee, J. (1994). Orality and literacy: From The Savage Mind to Ways With Words. In J. Maybin (ed.) *Language and Literacy in Social Practice*. Clevedon, UK: The Open University.

Geertz, C. (1973). *The Interpretation of Cultures*. New York: Basic Books.

——(1983). *Local Knowledge: Further Essays in Interpretive Anthropology*. New-York: Basic Books.

Giroux, H. A. (1988). *Teachers as Intellectuals: Toward a Critical Pedagogy of Learning*. Boston: Bergin & Harvey.

Graddol, D. (2006). *English Next*. London: The British Council.

Griffiths, C. (ed.) (2008). *Lessons from Good Language Learners*. Cambridge University Press.

Halliday, M. A. K. (1973). *Explorations in the Functions of Language*. London: Arnold.

Hansen, D. T. (2001). *Exploring the Moral Heart of Teaching*. NewYork: Teachers College Press.

——(2004). A poetics of teaching. *Educational Theory*, 54 (2), 119 – 42.

Hardt, M. , & Negri, A. (2000). *Empire*. Cambridge, MA. : Harvard University Press.

Hargreaves, A. (1994). *Changing Teachers, Changing Times*. New York: Teachers College Press.

Hedgcock, J. (2002). Toward a socioliterate approach to language teacher education. *Modern Language Journal*, 86, 299 – 317.

Held, V. (2006). *The Ethics of Care: Personal, Political, Global*. Oxford University Press.

Hobsbaum, E. (2007). *Globalisation, Democracy and Terrorism*. London: Abacus.

Holec, H. (1981). *Autonomy and Foreign Language Learning*. Oxford, UK: Pergamon.

——(1988). *Autonomy and Self-Directed Learning: Present Fields of Application*. Strasbourg, Council of Europe.

Human Development Report. (1999). Globalization with a human face. NY: United Nations Development Programme & Oxford University Press.

Hutchinson, T. & Waters, A. (1987). *English for Specific Purposes*. Cambridge: Cambridge University Press.

Ideo (2011). *Design Thinking for Educators*. Retrieved from www. ideo. com, June 23, 2011.

Ilieva, R. (2010). Non-native English-speaking teachers' negotiations of program discourses in their construction of professional identities within a TESOL program. *The Canadian Modern Language Review*, 66 (3), 343 – 69.

Jenkins, R. (1996). *Social Identity*. London: Routledge.

Johnson, K. E. (2006). The sociocultural turn and its challenging for second language teacher education. *TESOL Quarterly*, 40 (1), 235—57.

Johnson, K. E. and Golembek, P. (2002). *Teachers' Narrative Inquiry as Professional Development*. Cambridge: Cambridge University Press.

Johnston, B. (2003). *Values in English Language Teaching*. Mahwah, New Jersey: Lawrence Erlbaum.

Kachru, B. B. (1983). *The Indianization of English*. New Delhi: Oxford University Press.

Kincheloe, J. L. (1993). *Toward a Critical Politics of Teacher Thinking*. Westport: Bergin & Garvey.

——(2009). Contextualizing the madness: A critical analysis of the assault on teacher education and schools. In S. L. Groenke &. J. A. Hatch (eds.) *Critical Pedagogy and Teacher Education in the Neoliberal Era*. (pp. 19—36). New York: Springer.

Kontopoulos, K. (1993). *The Logics of Social Structures*. Cambridge: Cambridge University Press.

Krishnaswamy, N. & Burde, A. (1998). *The Politics of Indians' English: Linguistic Colonialism and the Expanding English Empire*. Delhi: Oxford University Press.

Kubota, R. & Lin, A. (eds.) (2009). *Race, Culture, and Identities in Second Language Education*. New York: Routledge.

Kumaravadivelu, B. (1991). Language learning tasks: teacher intention and learner interpretation. *ELT Journal*, 45 (2), 98—107.

——(1994). The postemethod condition: (E)merging strategies for second/foreign language teaching. *TESOL Quarterly*, 28, 27—48.

——(1999a). Critical classroom discourse analysis. *TESOL Quarterly*, 33, 453—84.

——(1999b). Theorising practice, practising theory: The role of critical classroom observation. In H. Trappes-Lomax and I. McGrath (eds.) *Theory in Language Teacher Education*. (pp. 33—45). London: Longman.

——(2001). Toward a postmethod pedagogy. *TESOL Quarterly*, 35, 537—60.

——(2002). From coloniality to globality: (Re)visioning English language education in India. *Indian journal of Applied Linguistics*, 28,2, 45—61.

——(2003a). A postmethod perspective on English language teaching. *World Englishes*, 22, 539—50.

——(2003b). *Beyond Methods: Macrostrategies for Language Teaching*. New Haven, CT. : Yale University Press.

——(2006a). Dangerous liaison: Globalization, Empire and TESOL. In J. Edge (ed.) *(Re) Locating TESOL in an Age of Empire*. (pp. 1—26). London: Palgrave/Macmillan.

——(2006b). *Understanding Language Teaching: From Method to Postmethod*. Mahwah, NJ. : Lawrence Erlbaum.

——(2006c). TESOL methods: Changing tracks, challenging trends. *TESOL Quarterly*, 40

(1), 59—81.

——(2008). *Cultural Globalization and Language Education*. New Haven, CT.: Yale University Press.

Kuo, I. (2011). Student perceptions of student interaction in a British EFL setting. *ELT Journal*, 65 (3) 281—90.

Kvernbekk, T. (2000). Seeing in practice: a conceptual analysis. *Scandinavian Journal of Educational Research*, 44(4), 358—70.

Lamb, M. (2004). Integrative motivation in a globalizing world. *System*, 32, 3—19.

Larrivee, B. (2006). The covergence of reflective practice and effective classroom management. In C. M. Evertson & C. S. Weinstein (eds.) *Handbook of Classroom management: Research, Practice, and Contemporary Issues*. (pp. 983—1001). Mahwah, NJ.: Lawrence Erlbaum.

Lave, C. A. & March, J. G. (1993). *An Introduction to Models in the Social Sciences*. Lanham, MD.: University Press of America.

Lave, J. (1988). *Cognition in Practice*. Cambridge: Cambridge University Press.

Lave, J., & Wenger, E. (1991). *Situated Learning: Legitimate Peripheral Participation*. Cambridge: Cambridge University Press.

Lee, I. (2009). Ten mismatches between teachers' beliefs and written feedback practice. *ELT Journal*, 63 (1), 13—22.

Lin, A. (ed.) (2008). *Problematizing Identity*. New York: Lawrence Erlbaum.

Lin, A. M. Y. & P. Martin (eds.) (2005). *Decolonisation, Globalisation: Language-in-Education Policy and Practice*. Clevedon: Multilingual Matters.

Little, D. (1991). *Learner Autonomy 1: Definitions, Issues and Problems*. Dublin: Authentik.

——(2009). Language learner autonomy and the European Language Portfolio: Two L2 English examples. *Language Teaching*, 42 (2), 222—33.

Littlewood, W. (1981). *Communicative language teaching: An introduction*. Cambridge: Cambridge University Press.

Littlewood, W. T. (1999). Defining and developing autonomy in East Asian contexts. *Applied Linguistics*, 20 (1), 71—94.

Lortie, D. (1975). *School Teacher*. Chicago: University of Chicago Press.

Luke, A. (2006). Why pedagogies? *Pedagogies: An International Journal*, 1, 1—5.

Lukmani, Y. (1972). Motivation to learn and language proficiency. *Language Learning*, 22, 261—73.

Lyons, Z. (2009). Imagined identity and the L2 Self in the French foreign legion. In Z. Dornyei & E. Ushioda (eds.) *Motivation, Language Identity and L2 Self*. (pp. 248—73). Bristol: Multilingual Matters.

Lyotard, J-F. (1989). *The Postmodern Condition: A Report on Knowledge*. Minneapolis: University of Minnesota Press.

Lytle, S. L. & Cochran-Smith, M. (1990). Learning from teacher research: A working typology. *Teachers College Record*, 92 (1), 83—103.

Macedo, D. (1994). "Preface". In P. McLaren and C. Lankshear (eds.) *Conscientization and Resistance*. 1—8. New York: Routledge.

Mahboob, A. (2009). English as an Islamic language: A case study of Pakistani English. *World Englishes*, 28 (2),175—89.

Marchenkova, L. (2005). Language, culture, and self: The Bakhtin-Vygotsky encounter. In J. K. Hall. , G. Vitanova & L. Marchenkova (eds.) *Dialogue with Bakhtin on Second and Foreign Language Learning: New Perspectives*. (pp. 171 — 87). Mahwah, NJ: Lawrence Erlbaum.

Martin, J. (2007). The selves of educational psychology: Conceptions, contexts, and critical considerations. *Educational Psychologist*, 42 (2), 79—89.

McCrum, R. (2010). *Globish: How the English Language Became the World's Language*. London: W. W. Norton & Company.

McLaren, P. (1995). Collisions with otherness: "Traveling" theory, postcolonial criticism, and the politics of ethnographic practice-The mission of the wounded ethnographer. In P. McLaren, & J. Giarelli (eds.) *Critical Theory and Educational Research*. (pp. 271—99). New York: State University of New York Press.

——(1995). *Critical Pedagogy and Predatory Culture*. London: Routledge.

McKay, S. L. (2006). *Researching Second Language Classrooms*. Mahwah, NJ. : Lawrence Erlbaum.

Morgan, B. (1998). *The ESL Classroom: Teaching, Critical Practice, and Community*. Toronto: Toronto University Press.

Murray, J. (2009). Teacher competencies in the postmethod landscape: The limits of competency-based training in TESOL teacher education. *Prospect*, 4 (1), 17—29.

Nakata, M. (2003). Some thoughts on literacy issues in Indigenous contexts. *The Australian Journal of Indigenous Education*, 31, 7—15.

Nash, R. J. (2005). Foreword. In B. Zubay & J. F. Soltis, *Creating the Ethical School: A Book of Case Studies*. New York: Teachers College Press.

Nespor, J. (1987). The role of beliefs in the practice of teaching. *Journal of Curriculum Studies*, 19, 4, 317—28.

Niemiec, C. & Ryan, R. M. (2009). Autonomy, competence, and relatedness in the classroom. Applying self-determination theory to educational practice. *Theory and Research in Education*, 7 (2), 133—44.

Noddings, N. (1984). *Caring: A Feminine Approach to Ethics and Moral Education*. Berkeley, CA: University of California Press.

——(1999). Care, justice and equity. In M. S. Katz, N. Noddings & K. A. Strike (eds.) *Justice and Caring: The Search for Common Ground in Education*. New York: Teachers College Press.

——(2010). Moral education in an age of globalization. *Educational Philosophy and Theory*, Vol. 42 (4), 390—96.

Norton, B. (2000). *Identity and Language Learning*. London: Longman.

Norton, B. & Toohey, K. (eds.) (2004). *Critical Pedagogies and Language Learning*. Cambridge: Cambridge University Press.

Nunan, D. (1989). *Designing Tasks for the Communicative Classroom*. Cambridge: Cambridge University Press.

O'Hanlon, C. (1993). The importance of an articulated personal theory of professional development. In J. Elliott (ed.) *Reconstructing Teacher Education: Teacher Development*. (pp. 243—355). London: The Falmer Press.

O'Malley, J. M., & Chamot, A. U. (1990). *Learning Strategies in Second Language Acquisition*. Cambridge: Cambridge University Press.

Orland-Barak, L. (2006). Convergent, divergent and parallel dialogues in mentors' professional conversations. *Teachers and Teaching: Theory and Practice*, 12(1), 13—33.

Orland-Barak, L. & Leshem, S. (2009). Observation in learning to teach: Forms of "seeing." *Teacher Education Quarterly*, 36 (3), 21—37.

Oxford, R. (1990). Language *Learning Strategies: What Every Teacher Should Know*. New York: Newbury House/Harper and Row.

——(2011). Strategies for learning a second or foreign language. *Language Teaching*, 44 (2), 167—80.

Pajares, M. F. (1992). Teachers' beliefs and educational research: Cleaning up a messy construct. *Review of Educational Research*, 62, 307—32.

Palmer, P. J. (1998). *The Courage to Teach: Exploring the Inner Landscape of a Teacher's Life*. San Francisco: Jossey-Bass Publishers.

Pavlenko, A. (2003). "I never knew I was a bilingual": Re-imagining teacher identities in TESOL. *Journal of Language, Identity, and Education*, 2(4), 251—68.

——(2007). Autobiographic narratives as data in applied linguistics. *Applied Linguistics*, 28 (2), 163—88.

Pennycook, A. (2001). *Critical Applied Linguistics: A Critical Introduction*. Mahwah, NJ: Lawrence Erlbaum.

——(1989). The concept of method, interested knowledge, and the politics of language teaching. *TESOL Quarterly*, 23, 589—618.

——(1998). *English and the Discourses of Colonialism*. New York: Routledge.

Phan, L. H. (2007). Australian-trained Vietnamese teachers of English: Culture and identity formation. *Language, Culture and Curriculum*, 20 (1), 20—35.

Phillipson, R. (1992). *Linguistic Imperialism*. Oxford: Oxford University Press.

——(2003). *English-only Europe? Challenging Language Policy*. London: Routledge.

Phipps, S. & Borg, S. (2009). Exploring tensions between teachers' grammar teaching beliefs and practices. *System*, 37, 380—90.

Pinker, S. (1994). *The Language Instinct: How the Mind Creates Language*. New York: Harper Perennial.

Polanyi, M. (1966). *The Tacit Dimension*. New York: Doubleday.

——(1958). *Personal Knowledge*. Chicago, IL: The University of Chicago Press.

Prabhu, N. S. (1990). There is no best method-why? *TESOL Quarterly*, 24, 161—76.

Pratt, M. L. (1992). *Imperial Eyes: Travel Writing and Transculturation*. London and New York: Routledge.

Ramani, E., Chacko T., Singh, S. J., & Glendinning, E. H. (1988). An ethnographic approach to syllabus design: A case study of the Indian Institute of Science, Bangalore. *ESP Journal*, 7 (2), 81—90.

Reckling, F. (2001). Interpreted modernity: Weber and Taylor on values and modernity. *European Journal of Social Theory*, 4(2): 153—76.

Reeve, J. M. & Halusic, M. (2009). How K—12 teachers can put self-determination theory principles into practice. *Theory and Research in Education*, 7, 145—54.

Richards, K. (2006). "Being the teacher": Identity and classroom conversation. *Applied Linguistics*, 27 (1), 51—77.

Richards, K. (2009). Trends in qualitative research in language teaching since 2000. *Language Teaching*, 42 (2), 147—80.

Richterich, R. (1984). A European unit/credit system for modern language learning by adults. In J. A. van Ek and J. L. M. Trim (eds.) *Across the Threshold Level*. (pp. 5—23). London: Pergamon.

Samuelowicz, K., & J. D. Bain (2001). Revisiting academics' beliefs about teaching and learning. *Higher Education*, 41, 299—325.

Schön, D. A. (1983). *The Reflective Practitioner: How Professionals Think in Action*. New York: Basic Books.

Sen, A. (2006). *Identity and Violence: The Illusion of Destiny*. New York: Allen Lake.

Senior, R. M. (2006). *The Experience of Language Teaching*. Cambridge: Cambridge University Press.

Serres, M. (2004). *The Parasite* (trans. Lawrence R, Schehr). Minneapolis: University of Minnesota Press.

Shohamy, E. (1998). Critical language testing and beyond. *Studies in Educational Evaluation*, 24, 331—45.

Shulman, L. S. (1986a). Those who understand: Knowledge growth in teaching. *Educational Researcher*, 15 (2), 4—14.

——(1986b). Paradigms and research programs in the study of teaching. In M. Wittrock (ed.) *Handbook of Research on Teaching* (3rd ed.) (pp. 3—36). NewYork: Macmillan Publishing.

——(1987). Knowledge and teaching: Foundations for the new reform. *Harvard Educational Review*, 57(1), 1—22.

Slimani, A. (1989). The role of topicalization in classroom language learning. *System*, 17(2), 223—34.

Spratt, M. (1999). How good are we at knowing what learners like? *System*, 27, 141—55.

Spring, J. (2007). *Pedagogies of Globalization: The Rise of the Educational Security State*. Mahwah, NJ.: Lawrence Erlbaum.

Sri Aurobindo (1939/2001). *The Essential Aurobindo: Writings of Sri Aurobindo*. Edited by R. A. McDermott (2001). Canada: Lindisfarne Books.

Stevick, E. W. (1980). *Teaching Languages: A Way and Ways*. Rowley, MA.: Newbury House.

Stewart, T. (2006). Teacher-researcher collaboration or teachers' research? *TESOL Quarterly*, 40, 421—30.

——(2007). Teachers and learners evaluating course tasks together. *ELT Journal*, 61(3), 256—66.

Taylor, C. (1989). *Sources of the Self: The Making of the Modern Identity*. Cambridge: Cambridge University Press.

——(1994). "Reply and Re-articulation". In J. Tully (ed.) *Philosophy in the Age of Pluralism: the Philosophy of Charles Taylor in Question*. (pp. 213—57). Cambridge: Cambridge University Press.

TESOL Quarterly, 42(2), June 2008. Symposium on "theorizing TESOL."

Transforming Teacher Education: Redefined Professionals for 21st Century Schools. (2008). The International Alliance of Leading Education Institutes. Singapore: National Institute of Education.

Tsui, A. B. M. (2003). *Understanding Expertise in Teaching: Case Studies of ESL Teachers*. Cambridge: Cambridge University Press.

Ulichny, P. & Schoener, W. (1996). Teacher/researcher collaboration from two perspectives. *Harvard Educational Review*, 66(3), 496—524.

Ushioda, E. & Dörnyei, Z. (2009). Motivation, language identities and the L2 self: A theoretical overview. In Z. Dornyei & E. Ushioda (eds.) *Motivation, Language Identity and the L2 Self*. (pp. 1—9), Buffalo: Multilingual Matters.

Ushioda, E. (2006). Language motivation in a reconfigured Europe: Access, identity and autonomy. *Journal of Multilingual and Multicultural Development*, 27(2), 148—61.

van Manen, M. (1977). Linking ways of knowing with ways of being practical. *Curriculum Inquiry*, 6, 205—28.

——(1991). *The Tact of Teaching: The Meaning of Pedagogical Thoughtfulness*. Albany: State University of New York Press.

Varghese, M. (2001). Professional development as site for the conceptualization and negotiation of bilingual teacher identities. In B. Johnston and S. Irujo (eds.) *Research and Practice in Language Teacher Education.* (pp. 213 – 32). Minneapolis: University of Minnesota, Center for Advanced Research in Second Language Acquisiton.

Vygotsky, L. S. (1986). *Thought and Language.* Cambridge, MA.: MIT Press.

Wajnryb, R. (1992). *Classroom Observation Tasks.* Cambridge: Cambridge University Press.

Wallace, M. (1998). *Action Research for Language Teachers.* Cambridge: Cambridge University Press.

Walsh, S. (2003). Developing interactional awareness in the second language classroom through teacher self-evaluation. *Language Awareness*, 12 (2), 124 – 42.

——(2006). *Investigating Classroom Discourse.* London: Routledge.

Weeden, C. (1997). *Feminist Practice and Poststructuralist Theory.* London: Blackwell.

Wells, G. (1999). *Dialogic Inquiry.* Cambridge: Cambridge University Press.

Wenger, E. (1998). *Communities of Practice: Learning, Meaning, and Identity.* Cambridge: Cambridge University Press.

Widdowson, H. G. (1990). *Aspects of language teaching.* Oxford: Oxford University Press.

Wong, R. M. H. (2009). Try to describe the main point of your lesson: Student perception and identification of learning objectives in English lessons. *Reflections on English Language Teaching*, 8 (2), 73 – 88.

Woods, D. (1996). *Teacher Cognition in Language Teaching.* Cambridge: Cambridge University Press.

Wright, T. (2005). *Classroom Management in Language Education.* London: Palgrave Macmillan.

——(2010). Second language teacher education: Review of recent research on practice. *Language Teaching*, 43 (3), 259 – 96.

Zeichner, K. (2005). Becoming a teacher educator: a personal perspective. *Teaching and Teacher Education*, 21, 117 – 24.

Zembylas, M. (2003). Emotions and teacher identity: A poststructural perspective. *Teachers and Teaching: Theory and Practice*, 9 (3), 213 – 38.